LLUNIAU YN FY MHEN

Blodeugerdd o farddoniaeth i blant

Lluniau gan
RHYS BEVAN JONES

Cyhoeddwyd gyntaf yn 2009 gan Wasg Gomer

Argraffiad newydd 2025 gan Atebol Cyfyngedig,
Adeiladau'r Fagwyr, Llanfihangel Genau'r Glyn,
Aberystwyth, Ceredigion, SY24 5AQ

Hawlfraint y cerddi © y beirdd 2009
Hawlfraint y lluniau © Rhys Bevan Jones 2009

Cedwir pob hawl. Ni chaniateir atgynhyrchu unrhyw ran
o'r cyhoeddiad hwn na'i storio mewn system adferadwy, na'i
throsglwyddo mewn unrhyw ddull, na thrwy unrhyw gyfrwng,
electronig, peirianyddol, llungopïo nac mewn unrhyw ffordd
arall mewn meintiau anghyfyngedig, na'i gwerthu i eraill, heb
ganiatâd y cyhoeddwyr.

Am ganiatâd i ddefnyddio'r addasiad mewn unrhyw fodd arall
ar wahân i'r hyn a nodwyd uchod, gan gynnwys ei berfformio'n
gyhoeddus, dylid gwneud cais ysgrifenedig i Atebol, yn y lle cyntaf.

ISBN 978-1-80106-601-3

atebol.com

Argraffwyd yng Nghymru.

Cynnwys

Rhagymadrodd   6

A B Ch a CHREFYDD
Calon Iach   9
Mae'n hyfryd, mae'n hwyl . . .   10
Teulu   11
Dim Fi   12
Ffrind a Gelyn   13
Pan fyddaf i yn dad i ti   14
Cnafon Bach Prysur   17
Yr Esgob William Morgan   18
I Mewn i'r Arch â Nhw   20

ADDYSG GORFFOROL
Y ras gyfnewid   23
Yn y pwll nofio   25
Y Ras   26
Nofio yn y pwll   28

CERDDORIAETH
Yr Acen Roc   31
Dawns y Bysedd   32
Cerddoriaeth   34

DAEARYDDIAETH
Afon Mrs Beynon   37
Ein Byd?   38
Byd Du   39
Datgymalu cylymau cymylau   40
Mae'n wlad i mi   41
Galanastra   42
Y Môr   44
Cân y Morfil   45

Platiau Tectonig	46
Daearyddiaeth	47
Deg o Elyrch Gwynion	48
Cymylau	50
Y Rhuban Glas	51
Parti ym Mhobman	52
Y Draffordd	54

GWYDDONIAETH

Y Goeden a Mi	57
Di-en-ê	58
Y Gwyddonydd	60
P'un ddaeth gynta'?	61
Cyflymder Goleuni	62
Y Planedau	63
Twyll	64
Cadwyn Fwyd	65
Y Morfil Mawr Glas	67
Cysawd yr Haul	68
Peillio a Gwasgaru	70
Huwcyn Hydref	71
Y Llwynog	72
Teigr mewn Sŵ	73
Anweddu	74

HANES

Cân Nest	77
Enwogion Cymru Gynt	80
Sut i ymddwyn mewn Castell	82
Cerdded â Deinosoriaid	83
Baled Bathetig Maffia Mawddwy	84
Sianti Fôr Harri Morgan	86
Anne Frank	88
Erstalwm	90
Cân y Glöwr	91
Aber-fan	92
Wyt ti'n Gelt?	94

IAITH

Gwyliau yn y Gwaelod	99
Difaru	100
A.B.X?	102
Gwydion a Blodeuwedd	104
Y Llyfr Newydd	105
Gêm Luniau	106
Cerddi'n Cerdded	107
Trio Darllen Saesneg	108
Y Llyfr Stori	109
Fy Mabinogi i	110
Nodyn Bodyn	112

MATHEMATEG

Rhifyddeg	114
Cylch y Celt	116
Siâp, safle a symud	117
Dim pwynt, dim problem	118
Methu Cysgu	119
Athrawes Od	120
Ateb Od	120

TECHNOLEG, DYLUNIO A CHELF

Methu Arlunio	123
Hel Lliwiau	124
Siarad â'r Darlun	127

Rhagymadrodd

Casgliad cyffrous o gerddi hen a newydd ar gyfer plant yw'r flodeugerdd hon. Mae rhai o'r cerddi'n gyfarwydd iawn tra bod y lleill yn mynd â ni i gyfeiriadau gwahanol a dieithr iawn gan ymdrin â phynciau a themâu mwy arbenigol.

Sail y flodeugerdd yw rhai o'r prif bynciau a'r themâu a ddefnyddir yn ein hysgolion cynradd ar hyn o bryd. Dyna pam mae'r cerddi wedi eu gosod allan mewn gwahanol adrannau, gan ddilyn patrymau'r cwricwlwm, yn benodol ABCh a Chrefydd, Addysg Gorfforol, Technoleg, Dylunio a Chelf, Cerddoriaeth, Daearyddiaeth, Gwyddoniaeth, Hanes, Iaith a Mathemateg. Yn naturiol, fel y gwelwch wrth droi tudalennau'r gyfrol, mae rhai o'r pynciau'n apelio mwy at y beirdd na'i gilydd. Ond, drwy'r cyfan, ceir yma gasgliad hynod ddefnyddiol a chyfoethog o gerddi sydd, nid yn unig yn ymdrin â phynciau'r cwricwlwm, ond hefyd yn mynd i'r afael ag ambell bwnc mwy sensitif, yn cynnwys hunan hyder, bwlian a pherthynas unigolion â'i gilydd.

Mae'r cyfan wedi ei wneud, wrth gwrs, dan arweiniad rhai o'n beirdd mwyaf profiadol a beiddgar ni, pob un â dealltwriaeth lwyr o'u cynulleidfa a'u crefft. Ochr yn ochr â'r cerddi, ceir yma arlunwaith gyfoes sy'n siŵr o danio dychymyg darllenwyr o bob oed.

Dyma flodeugerdd o farddoniaeth sy'n sicr o fod yn gaffaeliad i unrhyw silff lyfrau.

Sioned Lleinau

Calon Iach

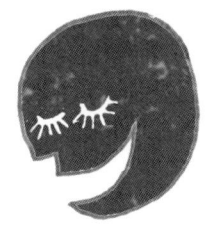

(Gellir canu'r gerdd ar alaw 'Calon Lân')

Deiet gytbwys sy'n ddelfrydol,
Ffibr maethlon; pysgod neis;
I dy gorff fod yn egnïol
Beth am basta, tatws, reis?

> *Cytgan:*
> Calon iach sy'n llawn daioni,
> Pwmpio'r gwaed trwy'r corff i gyd,
> Bwyta'n iach a chadw'n heini,
> A mwynhau ar yr un pryd.

Da 'di bwyta cig coch weithiau,
Haearn llesol ynddo sydd,
Hefyd llysiau lu a ffrwythau –
Ceisia fwyta pump y dydd.

Mae ymarfer corff yn bwysig,
Pob un dydd, gwna 'chydig bach,
Er mwyn cadw'r corff yn hyblyg
A chael corff a chalon iach.

Gwenno Mair Davies

Mae'n hyfryd, mae'n hwyl...

I nôl y peli snwcer o ben y goeden,
I nôl y siocled peryglus o'r silff uchel,
I ymestyn at bedal y brêc yn y car,
I ymestyn dros y llinell yn y ras wy-ar-lwy
I gael sylw yn y siop ffish-a-tships,
I gael sylw wrth gerdded i lawr y stryd,
I gadw'r tei mas o'r coco-pops,
I gadw'n heini, i edrych dros ben wal,
Mae'n hyfryd, mae'n hwyl bod yn dal.

Er mwyn cerdded mewn ogof dywyll,
Er mwyn osgoi pen mawr wrth godi o'r bync,
Er mwyn cael eich gwallt wedi'i dorri'n daclus,
Er mwyn cael tantryms tu ôl i'r soffa,
Er mwyn peidio cael cefn tost wrth blygu,
Er mwyn cael traed rhydd ar y swing,
Er mwyn cael traed cynnes yn y gwely,
Er mwyn cuddio mewn sach rhag ewinedd y wrach,
Mae'n hyfryd, mae'n hwyl bod yn fach.

Blwyddyn 3, Ysgol Pen-cae
yng nghwmni Myrddin ap Dafydd

Teulu

Mae Elin a Sam
yn byw hefo'u mam.

Mae Bethan o'r bwthyn
yn unig blentyn.

Mae gan Gethin o Gaer
hanner chwaer.

Mae rhieni Huw
yn wahanol liw.

Tydi mam a thad Ffion
ddim yn gariadon.

Mae Ceri a Cain
yn byw hefo'u nain.

Mae brawd bach Lleucu
wedi'i fabwysiadu.

Waeth pwy yw dy deulu,
mae Duw yn dy garu.

Gwyneth Glyn

Dim Fi

'Dim fi giciodd Tony,
Dim fi frathodd Lyn,'
ydy ateb y bwli
wrth edrych yn syn.
I ffwrdd â'r athrawes heb ddeud 'run gair,
a throi wnaeth y bwli a rhegi Mair.

'Dim fi sydd 'di poeri
ar gôt newydd Lee.
A phwy drawodd Huw
yn ei lygaid? – dim fi!'
Mae'n edrych mor annwyl, yn gwenu yn dlws,
ond yn chwerthin 'rôl i'r athro fynd allan drwy'r drws.

Rôl cicio a brathu
pob poer a phob rheg,
'Dim fi,' ydy'r geiriau
ddaw allan o'i geg.
Ac er bod y dosbarth yn gwybod y gwir,
maen nhw'n cadw'r gyfrinach ers amser hir.

Stella Gruffydd

Ffrind a Gelyn

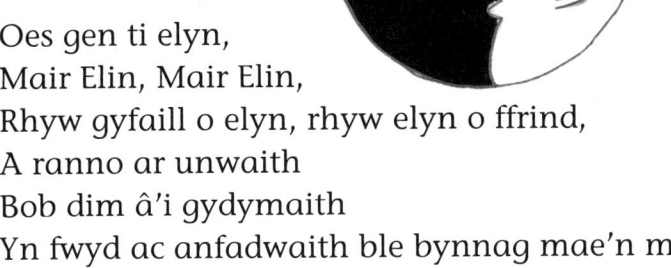

Oes gen ti elyn,
Mair Elin, Mair Elin,
Rhyw gyfaill o elyn, rhyw elyn o ffrind,
A ranno ar unwaith
Bob dim â'i gydymaith
Yn fwyd ac anfadwaith ble bynnag mae'n mynd?

'O, Oes!' medd Mair Elin
Yn frwd anghyffredin;
'Rwy'n nabod fy ngelyn, fy ffrind gorau yw:
Ni allaf ei dwyllo
Ei wadu na'i wawdio –
Wedi'r cyfan rhaid cofio, fi fy hunan yw!'

Desmond Healy

Pan fyddaf i yn dad i ti

Pan fyddaf i yn dad i ti
A thi bryd hynny'n fab i mi,
Mi edrycha i ar dy ôl fel hyn
Yn fy nghesail, dy ddal di'n dynn.

Mi ddof i gicio pêl tan saith
Yn syth ar ôl dod 'nôl o'r gwaith,
Gan gosi dy glustiau hir a chul
Pan fyddi wedi llyncu mul.

Pan fydda i'n fawr a thithau'n fach,
Y ti yn wael a finnau'n iach,
Mi roddaf blastar ar dy groen,
Chwythu ar y lle ti'n clywed poen.

A ddweda i 'run gair yn flin
Mai er dy les 'ti'n cael chwip-din;
Cei ddod, dy hunan, at dy goed
Pan fydda i wedi dod i oed.

Ddweda i ddim fod 'isio mynedd 'toes?'
Pan fydd dy sgidiau'n hollol groes,
Na gwneud hen lol na phwyntio bys
Pan fydd eis-loli dros dy grys.

Oherwydd pan fyddi'n fab i mi
A minnau yna'n dad i ti,
Bydd tad, bryd hynny, er tyfu'n ddyn
Yn cofio bod yn fab ei hun.

                                        Myrddin ap Dafydd

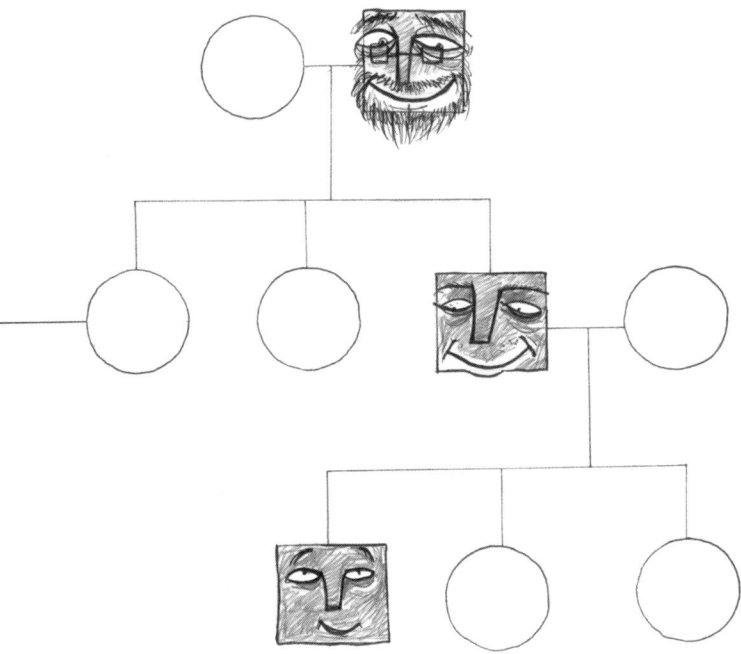

Cnafon Bach Prysur

Cnafon bach prysur,
Heintus, di-gysur.
Ymledant yn bla
Drwy aeaf a ha'
Ar bennau bach glân.

Chwarae'n ddi-flino
Crwydro a dringo
Glynant ar gydyn
Dodwant yn sydyn
Mewn pennau bach glân.

Ond, aw! Dacw drwbwl!
Wele'r crib ddwbwl
Yn chwalu a chw'lota
A'u herlid i'r eitha'
O'r pennau bach glân!

Dim mwy o ddrysu
Ac ysu a chwysu
Nawr mae'r pennau'n glir,
Ond ar fy nghwir:
Paid â chrafu dy ben!

                        Mari Tudor

Yr Esgob William Morgan

Yn ôl yn y flwyddyn mil pum pedwar pump
Fe aned dyn hynod dros ben,
Mae'n un o'r pwysicaf a welwyd erioed
Yn hanes ein hen Walia Wen.

Anghofia am Jônsi, Bryn Terfel a Giggs –
Mae hwn yn enwocach na'r tri.
Er nad oedd o'n actor, na'n gantor ychwaith,
Pêl-droediwr na'n wleidydd o fri.

Pwy oedd y gŵr felly? Beth wnaeth o i ni?
Pam cofio amdano o hyd?
William Morgan, yr Esgob, yn wir oedd yr un
Ddaeth â'r Beibl Cymraeg i'r byd.

Fe gafodd ei eni'n Nhŷ Mawr Wybrnant,
Sy'n swnio fel plasdy i'r crach,
Ond os ewch chi yno rhyw ddydd, fe gewch sioc,
Gan fod y 'Tŷ Mawr' yn dŷ bach.

Ta waeth, ym Mhenmachno, ger Betws y Coed
Y ffeindiwch Dŷ 'Mawr' Wybrnant,
Lle ganwyd yr Esgob, a'i magwyd hyd nes
Iddo fyned i goleg Caergrawnt.

Roedd hwn yn ddyn sanctaidd, a lot yn ei ben –
Fe lwyddodd i ddysgu chwe iaith!
Mae hynny heb gyfri'r Gymraeg (iaith y nef)
Na'r iaith fain, (sef Saesneg), ychwaith!

Dechreuodd gyfieithu y Beibl, bob gair
I'r Gymraeg ar ei liwt ei hun,
A phan ddaeth y dydd y gorffennodd o'r gwaith
Roedd 'rhen Wil chwe blynedd yn hŷn.

Ym mil chwe dim pedwar, bu farw pan oedd
Yn bumdeg a naw mlwydd oed.
Er bod pedair canrif ers cyfieithu'r gwaith
Mae'n diolch mor fawr ag erioed.

A dyna i ti sut mae'r Esgob yn un
O'r Cymry pwysicaf a fu,
Anghofia am Jônsi, Bryn Terfel a Giggs,
Mae hwn yn enwocach na'r tri.

Gwenno Mair Davies

I Mewn i'r Arch â Nhw

'Dewch, mae'n glawio!' ebe Noa. 'Rhedwch,
　　Rhaid gadael y ddaear;
　　Rhedwch! Cewch chithau'r adar
　　Yma groeso bob yn bâr.'

I'r Arch, gyda'r cangarŵ, naid y fuwch,
　　Dau fochyn a tharw;
　　Dau dwrch daear, dau garw
　　Mwyn a hoff – i mewn â nhw!

I gwch dringa'r gaseg wen a cheffyl,
　　Dau ful a dwy falwen;
　　Brysio mae dwy golomen
　　A dwy wennol 'nôl o'r nen.

Dau lyffant ac eliffantod yn ffoi,
　　A phâr o ddraenogod;
　　A sŵn dau jiráff sy'n dod
　　Ar ras hir dros wiwerod.

Dau lew a dwy arth flewog yn gwthio
　　Dwy gath a dwy 'sgwarnog;
　　Dau gi, dau gamel, dwy gog,
　　Dwy linos a dau lwynog.

Dau deigr a dau bry digri', a dafad,
　　Hwrdd dof a dwy wenci;
　　Dau lewpart cry'n llamu rhag lli,
　　Ac yn hwyr – dwy ganeri!

　　　　　　　　　　Emrys Roberts

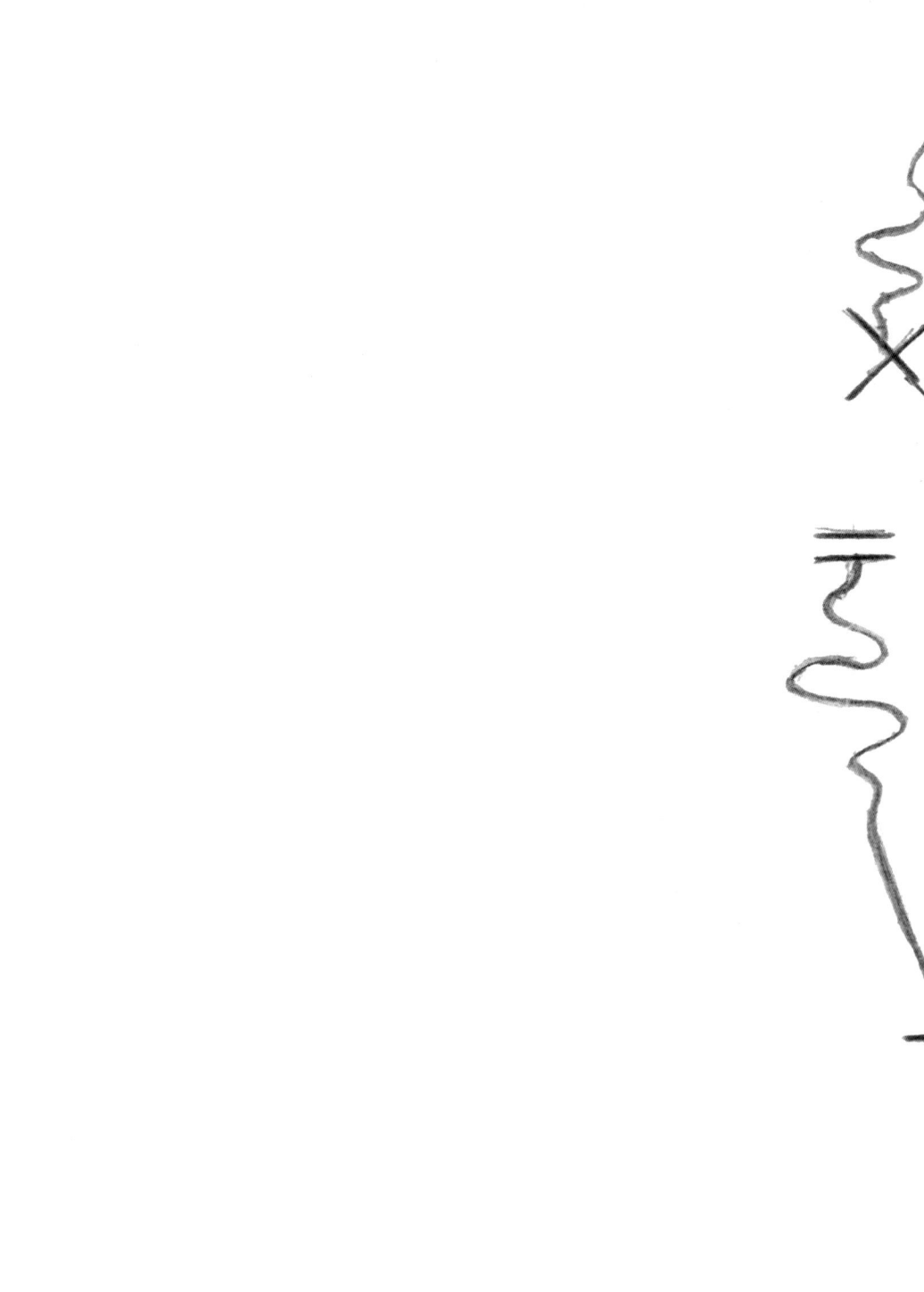

Y ras gyfnewid

Roedd cychwyn y ras braidd yn simsan:
Heb glywed y 'Ffwrdd-â-chi!'
Mi safodd ein Sali fel delw
A'r lleill aeth ar wib hebddi hi.

Mi ddeffrodd 'rhen Sali cyn hir
A rhedeg y trac tua Manon,
Roedd Manon ar gymaint o frys:
Mi saethodd i ffwrdd heb y baton.

Ac erbyn trosglwyddo i'r trydydd
Aeth pethau'n fwy sobor na chynt,
Oherwydd y cyffro, cyn rhedeg –
Roedd Gwen wedi colli ei gwynt.

Y fi oedd yr olaf i rasio,
Mi geisiais eu dal nhw i gyd:
Fy nghoesau yn mynd fel dwy olwyn
Ond baglais yn slwtj ar fy hyd.

Roedd tîm y medalau yn dathlu
A'r ail yn rhoi sgrech dros bob man,
A Sali, Gwen, Manon a minnau
Yn chwerthin nes oeddan ni'n wan!

Myrddin ap Dafydd

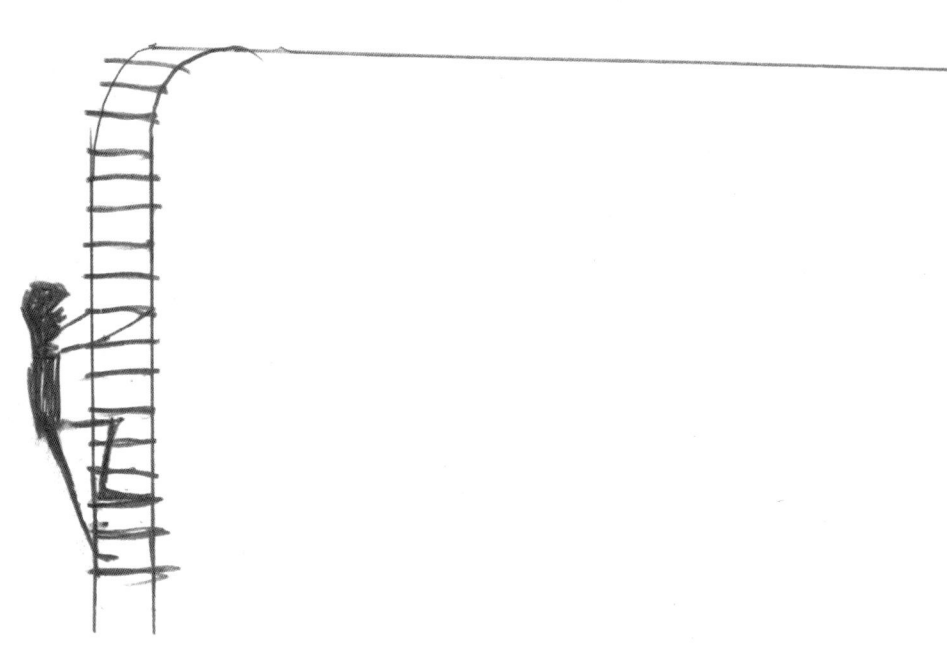

Yn y pwll nofio

Neidio a phlymio,
Suddo, arnofio
A phrancio.

Dawnsio, chwyrlïo,
Sleifio a llithro.
Estyn,
Disgyn,
Chwerthin, sgrechian,
Gweiddi a chlebran,
Sblasio a thagu
A'r dŵr yn byrlymu,
Troelli, hofran,
Llamu, hedfan . . .
A blino
Cyn noswylio.

Emyr Hywel

Y Ras

Wynebau llawn gobaith
yn edrych arna i.

Ar eich marciau.
Barod.
Ewch.
A dw i ar 'i hôl hi'n barod,
gam tu ôl i bawb
yn pwffian,
yn goch fy mochau.
Y wynebau yn toddi'n
un lliw.
Dw i'n teimlo'n sâl,
coesau jeli
a stumog yn rhwygo
fel papur . . .

Colli ngwynt,
a'r cwbwl dw i'n 'i glywed yw
'Rheda'n gynt!'

Ac yna'r clwydi
yn dod tuag ata i
yn anferth
a dw i'n camu
yn igam ogam,
neidio'n rhy gyflym,

taro un o'r clwydi
a dyna ddiwedd arni.

Er trio ngore glas
dw i ddim yn ddigon heini
i redeg ras.

Ond fe af ati
i ymarfer
derbyn yr her
a fi fydd y gorau
yn y mabolgampau,
yn hedfan dros glwydi
fel aderyn
a churo'r gelyn.

Credwch chi fi
pan reda i eto
dw i'n addo
bydd pawb
yn cymeradwyo.

Mari George

Nofio yn y pwll

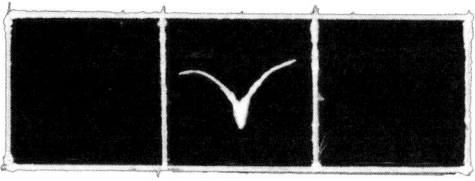

Y fi ydi'r wylan wen,
Y dŵr ydi'r awyr las,
Dwi'n hedfan yn braf o ben
Y dyfroedd dwfn i'r bas.

Adenydd yw nwy fraich
A'r ewyn ydi'r plu,
Mae'r awel yn dal fy maich
Ac yn fy nghodi fry.

Odanaf mae caeau bach
Yn deils ar lawr y wlad,
Dwi'n mynd tan ganu'n iach,
Troi'n ôl dros y promenâd.

Mae'r dyfnder yn fy mhen
A'r awel yn rhoi ras,
Y fi ydi'r wylan wen
A'r dŵr ydi'r awyr las.

Myrddin ap Dafydd

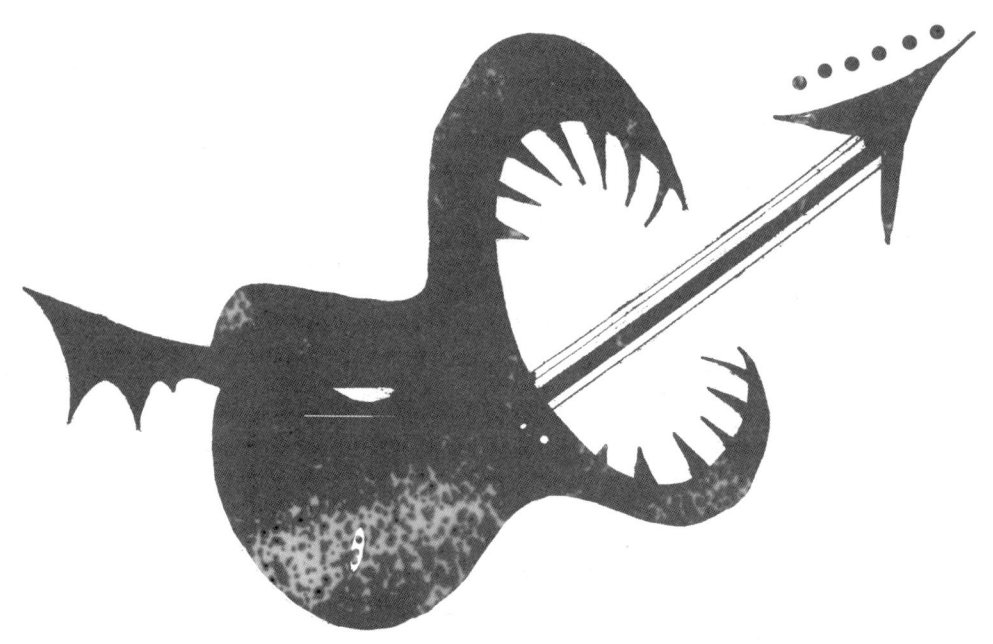

Yr Acen Roc

Y mae'r heniaith mor heini;
Awyr cân band roc yw hi,
Nid tiwn grin o fyd hen granc
Ei thiwnio dafod ifanc.

Mae hwyl yn ei rhythmau hi –
Bît rhyddid yn byw trwyddi;
Mae'n lleisio i dempo'r dydd;
Hi yw y ganrif newydd

Hi yw cân y trydan trwm,
Hi 'leni yw'r mileniwm;
Hi yw rêf gitarau'r ha',
Hi yw tân Catatonia.

Donald Evans

Dawns y Bysedd
neu Paid rhoi'r ffidil yn y to!

Bob nos rwy'n gorfod cau fy hun
yn unig yn fy 'stafell,
rwy'n teimlo fel aderyn bach
a'i chân ar goll mewn cawell.

Dwi bron â chrïo, wir i chi,
mae'r nodau i gyd mor rhyfedd,
a'r gwichian o'r llinynnau main
yn hunllef gras ddiddiwedd

Mae'r crosied du a'r minim gwyn
yn chwerthin arna' i'n uchel,
a dim ond gwg sydd gan y saib –
a honno'n fud a thawel.

Nid yw fy mwa na fy llaw
yn gallu ffeindio'r alaw,
mae yn fy mhen, yn gân i gyd,
ond mae'r fiolin yn ddistaw.

Ac yna, heno, pwy ŵyr sut,
dechreuodd y nodau ddawnsio,
daeth cân o'r erwydd o fy mlaen
ac mae'r miwsig iawn yn llifo!

A dyna pam rwy'n deall nawr
fod angen cael amynedd,
a chrafu llu o nodau hyll
cyn dysgu dawns y bysedd.

        Mererid Hopwood

Cerddoriaeth

Mae'r recorder yn gwneud sŵn rhy wichlyd,
rhyw offeryn bach plastig i gyd,
a dydy 'mysedd i ddim yn gallu
cyrraedd y tyllau o hyd.

A phan dwi'n canu'r ffidil
dim ond sgrechian mae'r tannau tyn,
dwi'n trio a thrio, ond yn methu
gwneud dim gyda'r dwylo hyn.

Mae'r piano yn boen, ac mae'r bysedd
wedi blino bob cam o'r daith,
dwi'n gwella dim, er ymarfer
ac ymarfer am eiliadau maith.

Y cyfan dwi eisiau ydy eistedd
efo set o ddrymiau o'm blaen,
i fachgen fel fi, y mae hynny
yn llawer llai o straen!

Tudur Dylan Jones

4 DAEARYDDIAETH

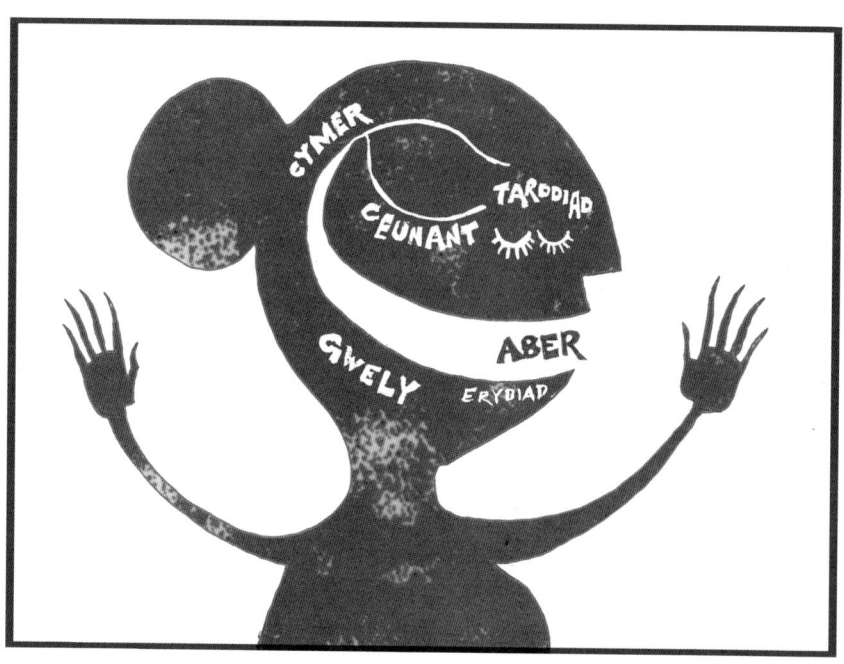

Afon Mrs Beynon

Hoff wers Mrs Beynon
yw'r wers sy'n sôn am afon,

mae ei llais hi'n troi yn gariad
wrth yngan y gair 'tarddiad'

ac yna mae hi'n gwenu
wrth ddweud fod gan afon wely,

mae ei stori yn llawn rhamant
pan ddaw hi i'r darn am y ceunant,

a'r darn am ryfeddod y cymer
ac am y môr mawr hallt a'r aber.

Ond O! wrth sôn am 'erydu',
mae Mrs Beynon yn gwgu,

cyn troi i chwerthin eto –
ac mae'r dŵr fel ei geiriau'n llifo.

Mae'r wers sy'n sôn am afon
yn hedfan 'da Mrs Beynon.

Mererid Hopwood

Ein Byd?

Ystyriwch hyn:
Er bod y byd
Yn ymddangos i ni i gyd
Yn fawr,
Dim ond rhan fechan fach ohono
Sydd yn ddigon sych i ni
Sefyll arni.

Wedyn ystyriwch hyn:
Fedr yr un dyn ohonom ni fyw
Yn y mannau hynny o'r byd
Lle y mae hi yn crasu o boeth.

Ac, wedyn, y mae yna fannau eraill
Sydd yn eira a rhew tragwyddol,
Ac mor eithafol eithafol oer
Fel y byddai hi'n anodd eithriadol eithriadol
I'r un ohonom ni yno fyw.

Y mae hyn oll yn golygu
Fod y llefydd hynny
Ar y ddaear lle y gallwn ni fyw
Yn crebachu, crebachu
I fod, yn eu lled a'u hyd,
Yn ddim ond ychydig bach dros
Y ddegfed rhan o gant
O arwynebedd y byd.

Gwyn Thomas

Byd Du

Du eu byd y trefi gyda'u masgiau mwg
Du eu byd y gwyntoedd sy'n cario'r hadau drwg.
Du eu byd y cnydau o dan gymylau'r sbre.
Du eu byd y strydoedd a'r sbwriel hyd y lle.
Du eu byd y defaid ag angau yn y bryn.
Du eu byd y llynnoedd yn llawn llysnafedd gwyn.
Du eu byd y ffrwythau a'r gwenwyn ar eu crwyn.
Du eu byd yr adar sy'n ddistaw yn y llwyn.
Du eu byd y coed sy'n lludw yn y tân.
Du eu byd y caeau o dan y tarmac glân.
Du eu byd y nentydd, yn gwteri dan y gwaith.
Du eu byd y pysgod wrth gyrraedd pen eu taith.
Du eu byd y dail gaiff eu llosgi gan y glaw.
Du eu byd y plant sy'n gweld yr hyn a ddaw.
Du eu byd y moroedd â'r olew yn y lli
A du ei byd y ddaear sydd yn ein gofal ni.

Catrin Dafydd

Datgymalu cylymau cymylau

Draenog pigog ydi sirws,
nid tatws stwnsh fel cwmwlws,
na phyllau mân y stratws
yn yr awyr fawr,
fel llefrith
wedi'i dywallt
gan ryw gawr.
A phentwr o gerrig
yn gorffwys ar ddimbws
ydi cymylau
cwmwlo-nimbws.

Gwyneth Glyn

Mae'n wlad i mi

Mi fûm yn crwydro hyd lwybrau unig,
Ar foelydd meithion yr hen Arenig;
A chlywn yr awel yn dweud yn dawel:
'Mae'r wlad hon yn eiddo i ti a mi.

Mae'n wlad i mi ac mae'n wlad i thithau
O gopa'r Wyddfa i lawr i'w thraethau,
O'r de i'r gogledd, o Fôn i Fynwy,
Mae'r wlad hon yn eiddo i ti a mi.'

Mi welais ddyfroedd y Ddyfrdwy'n loetran
Wrth droed yr Aran ar noson loergan,
A'r tonnau'n sisial ar lan Llyn Tegid,
'Mae'r wlad hon yn eiddo i ti a mi.'

Mae tywod euraid ar draeth Llangrannog
A'r môr yn wyrddlas ym mae Llanbedrog;
O ddwfn yr eigion mae clychau'n canu,
'Mae'r wlad hon yn eiddo i ti a mi.'

Dafydd Iwan

Galanastra

Gan milltir o'r Côté d'Azur,
Ar heolydd mynyddig, fe welir:
    Ysgerbydau ceir,
    Coginwyr methedig,
    Ffrijis archolledig,
    Hen ddrymiau oel,
Ac enghreifftiau eraill o amrywiaeth
Ysbwriel diderfyn ein materoliaeth.

Ac ym Môn, ger hen gladdfa
Barclodiad y Gawres, y mae yna
Ffedogaid o anialwch:
    Yn gartonau plastig sebon-golchi-llestri,
    Yn duniau y bu, unwaith, eu llond nhw o Bepsi,
    Yn hen deiars.

Tuniau:
Teflir, bob blwyddyn,
Tua hanner can mil o filiynau
O duniau.

Poteli, poteli:
Teflir, bob blwyddyn, o'r rhain
Tua deng mil ar hugain
O filiynau.

Ac wedyn, dyna'r holl bresennol
A chwbwl anninistriol
   Blastig,
      Plastig,
         Plastig.

I ble, i ble mae'n byd ni'n mynd?
Yn gordeddiadau o sgrap,
I domennydd ysbwriel,
Dan ormes plastig.

                    Gwyn Thomas

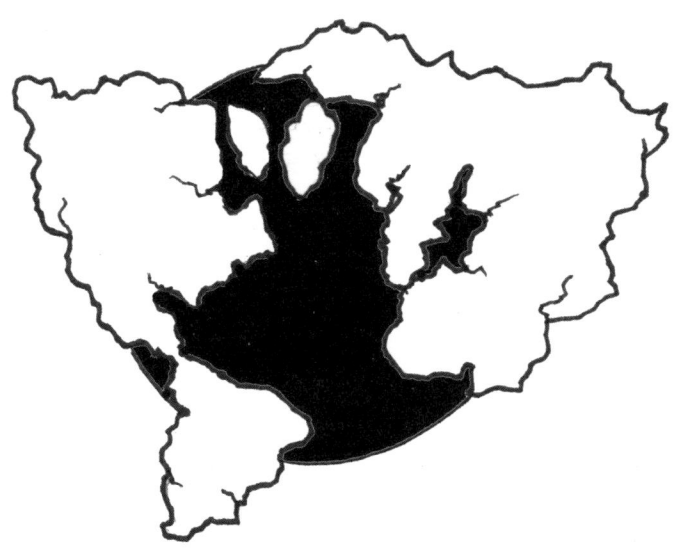

Y Môr

Anifail newynog yw'r môr,
Rhyw fytheiad creulon, llwyd,
Sy'n noethi'i ddannedd o hyd,
Wrth chwilio am fwyd.

    Wrth hela ar hyd y traeth
    Mae'n ymlid, ac yna'n troi;
    Mae'n gafael yn esgyrn y graig
    A'u llyfu a'u cnoi.

A phan gyfyd y gwynt yn storm
Cewch glywed sŵn ei sgrechfeydd,
Pan ruthra'n gynddeiriog, wyllt
Trwy'r hen ogofeydd.

    Ond ar ddyddiau tawel yn Awst,
      Pan ddaw'r ymwelwyr o bant,
        Ci anwes yw'r môr,
          Yn chwarae â'r plant.

T. Llew Jones

Cân y Morfil

'Pam,' ebe'r morfil
Wrth yr wylan wen
'Na fedrwn ni hedfan
I'r cwmwl uwchben?'

'Pam,' meddai'n dawel
Wrth y clogwyn serth,
'Na roddwyd i mi
Dy gadernid a'th nerth?'

'Pam gebyst,' medd ef
Wrth lygoden yr ŷd,
'Pam gebyst na chefaist
Dy daldra a'th hyd?'

'A pham,' y gofynnodd
Wrth ddyn yr harpŵn,
'Mai coch fel y machlud
Yw lliw'r lagŵn?'

'A pham fod eich dwylo
A dwylo pob dyn
Cyn goched?' ebe'r morfil –
Yr olaf un . . .

Robin Llwyd ab Owain

Platiau Tectonig

O dan y môr a'i donnau
Y mae 'na amryw blatiau –
A elwir yn 'blatiau tectonig';
Ac y mae'r rhain yn symud
Gan newid siâp ein byd.
Ac weithiau gall symud y platiau tectonig
Fod yn wirioneddol gatastroffig.

Gwyn Thomas

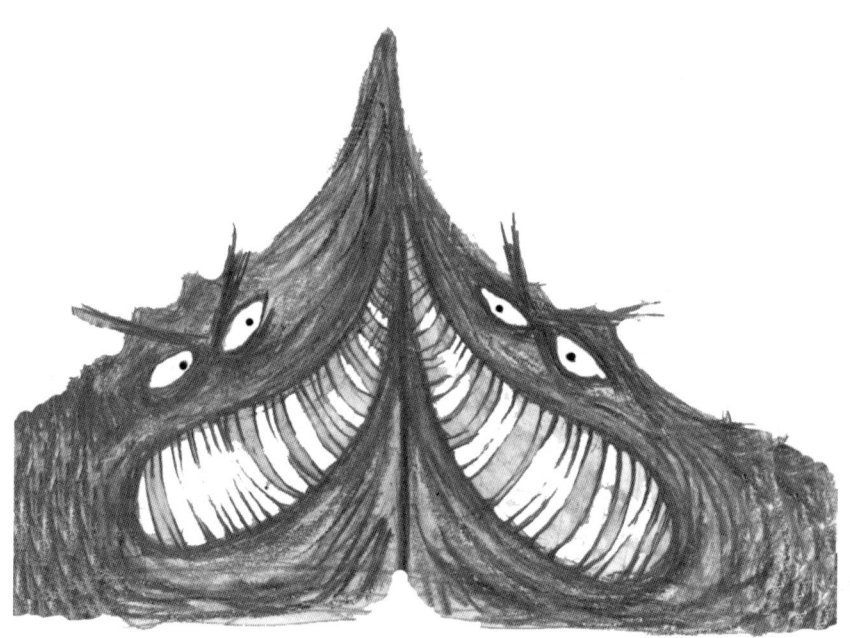

Daearyddiaeth

Dwi'n gwybod mai Eferest yw'r mynydd uchaf
ac mai Amason a Nîl yw'r afonydd hiraf.

Enw prifddinas Gwlad Belg yw Brwsel
a'r cefnfor mwya'n y byd yw'r Môr Tawel.

Dwi hefyd yn gwybod beth yw llosgfynydd
ac yn gwybod poblogaeth gwahanol wledydd.

Mi ddysgais i lawer wrth wrando'n y gwersi,
ond wrth edrych allan un dydd trwy'r ffenestri

A gofyn i'r athro 'Be 'di enw'r mynydd
sy'n codi fan draw uwchben y dolydd?'

'Be 'di enw'r cae ac enw'r afon . . ?'
Ges i row am ofyn cwestiynau gwirion.

Tudur Dylan Jones

Deg o Elyrch Gwynion

Deg o elyrch gwynion
Yn hwylio ger eu nyth
Yn ymyl ffatri fudur;
Bu farw dau yn syth.

Wyth o elyrch gwynion
Yn stelcian draw yn Stoke;
Bu farw dau rôl llyncu
Gwydr hen botel Coke,

Chwech o elyrch gwynion
Ddaeth draw i Fferm y Cwm
Ond dau fu farw'n sydyn
Rôl bwyta pelets plwm.

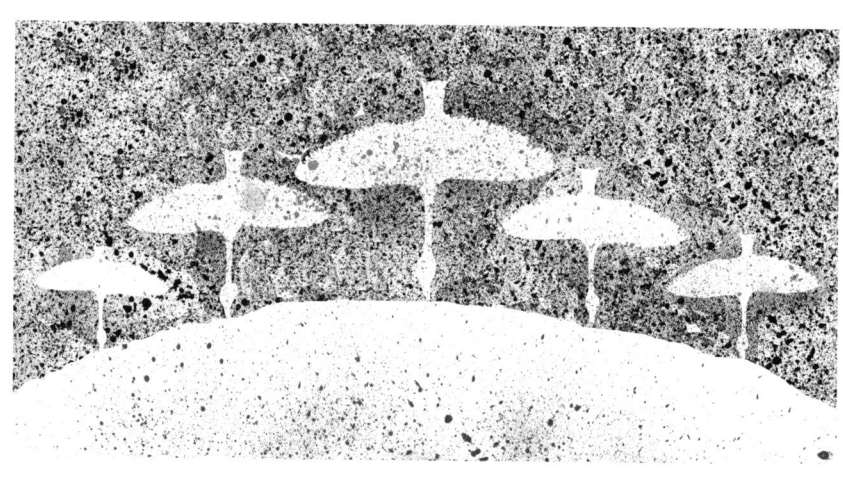

Pedwar alarch perffaith
Mor wyn ag eira'r ddôl
Yn croesi traffordd docsig
A nawr – mae dau ar ôl.

Dau o elyrch gwynion
A oedd yn 'Adar Prin'
Yn bwyta gwenwyn llygod
A'r ddau a drodd yn ddim.

Dim un! A phwy sy'n malio
Am swp o fflyff bach gwyn?
Pa blincin ots os nad oes
'Na elyrch ar y llyn?

Robin Llwyd ab Owain

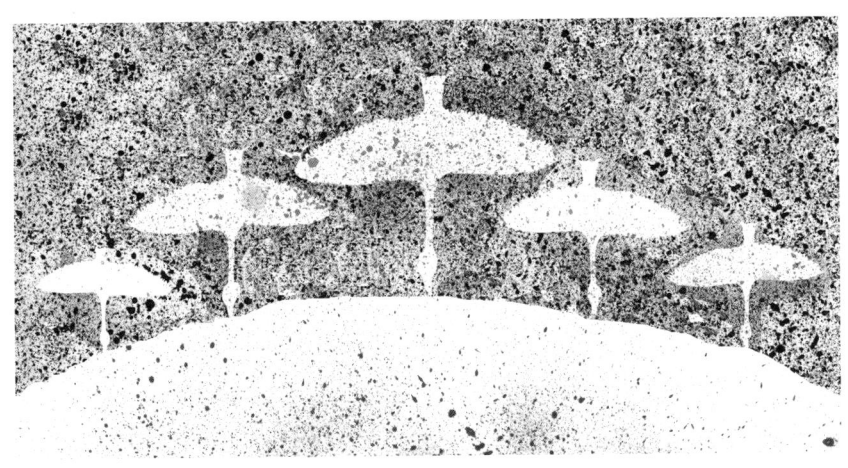

Cymylau

Er y gallech chwi
Fynd ati i gyfri
Llawer iawn iawn o
Wahanol fathau
O gymylau,
Eto
Dim ond pedwar math sylfaenol
Sydd yna ohonyn nhw.

Dyna i chwi'r math hwnnw o gwmwl
A elwir yn Stratws –
Y cymylau hynny sydd yn haenau.
Dyna i chwi'r math hwnnw o gwmwl
A elwir yn Ciwmiwlws –
Y cymylau hynny sydd yn bentyrrau.
Dyna i chwi'r math hwnnw o gwmwl
A elwir yn Cirrws –
Y cymylau hynny sydd yn cyrlio.
A dyna i chwi, yn derfynol, y cymylau hynny
A elwir yn Nimbws, cymylau y glaw.

Luke Howard oedd enw y dyn
A nododd enwau
Yr holl gymylau hyn.

Gwyn Thomas

Y Rhuban Glas

Pan fo'r afon yn ymdroelli
fel llysywen yn y cae,
bydd hi'n strancio ac yn gwingo
hyd nes cyrraedd glannau'r Bae.

Troelli yma, troelli acw,
troi a throsi ar y llawr
nes ei bod fel rhuban disglair
wedi'i daflu gan rhyw gawr.

Torri yma, casglu acw
Codi'r cerrig yn ei llaw
Chwalu'r glannau ar un ochr
Ac ail-greu yr ochr draw.

Nid yw'n oedi nac yn gorffwys,
Nid yw'n blino ar ei thaith,
Gan bod egni mawr y moroedd
Yn ei gyrru at ei gwaith.

— Hywel Griffiths

Parti ym Mhobman

Hei! Gwranda! Mae 'na rywbeth rhyfedd yn y gwynt,
Mae o'n gwneud i bob un galon guro'n gynt a chynt!
Mae o'n gyrru iasau i lawr yr asgwrn cefn,
Ac mae pawb lle bynnag maen nhw ishe dilyn y drefn.
O Benrhyn Llŷn i lawr i Benrhyn Gŵyr,
Maen nhw bron â marw ishe parti – jyst â drysu'n llwyr!

Mae'r Cofis Dre yn mynnu dawnsio ar Y Maes,
Y Jacs i gyd yn gweiddi'n uchel ag un llais,
Mae 'na noson fawr heno draw ym Mhontypŵl,
'Sneb yn ymladd yn Nhregaron – Hei! Mae pawb
      yn cŵl!
Pawb yn nhre Llanelli'n gwisgo jîns a fest
Yn rocio am y gore achos 'West is Best'!

Mae pawb ym Mhontyberem yn eu lledr du,
Yn Rhisga mae 'na ddisgo'n digwydd ym mhob tŷ,
Ac yn Neuadd Corwen maen nhw'n codi'r to
A maen nhw'n jeifio nerth eu sodle yn Llanbedr y Fro!
Mae pob dim yn Llanystumdwy'n mynd yn hip-hip-hop,
A phawb yn Mynydd y Garreg yn teimlo'n Tip-Top!

Yn Amlwch a Llangefni mae 'na strydoedd llawn
O hogia Môn yn dathlu dim ers ganol pnawn,
Ac yn Aber ma'r academics dwfn a gwâr
Yn rhedeg 'rhyd y prom er mwyn cael cicio'r bar!
Ac ar greigie Aberdaron does 'na'm byd ar ôl
Ond anghofio am bob dim – heblaw y roc a rôl!

Lle bynnag wyt ti heno, tyrd i'r parti mawr!
Bydd 'na ddawnsio ar y strydoedd tan ddaw toriad
　　　gwawr,
O'r Barri i Bwllheli, o Ffestiniog draw i'r Fflint,
Ar bob mynydd, lawr pob dyffryn, a rownd pob
　　　melin wynt.
Os oes rhywbeth gen ti i ddathlu, dathla gyda ni,
Ma' 'na barti ym mhobman heno
　　　– dere, R.S.V.P!

　　　　　　　　　　　　　　Caryl Parry Jones

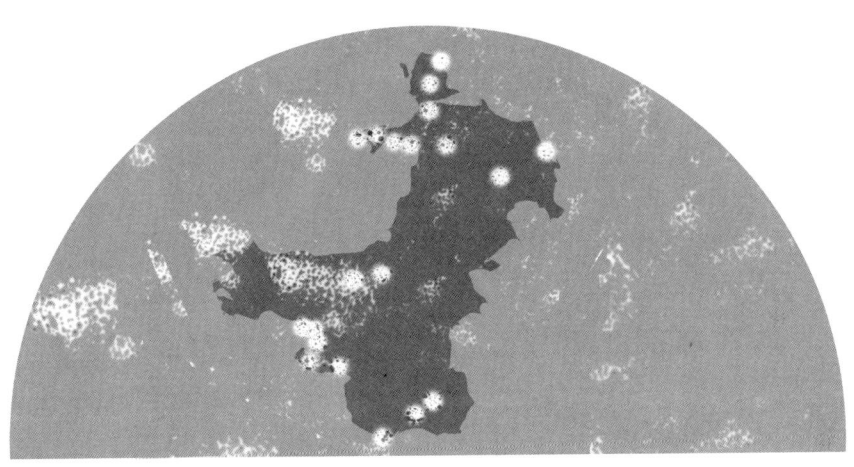

Y Draffordd

Bore hwyl yw gwib ar hon,
Hwyl inni ar olwynion
Am amser hir, ym miri,
Trip ysgol iasol yw hi.

O'n blaen yn swib o linell
Y mae hi'n sgleinio ymhell
Yn yr haul fan draw i'w brig:
Y draffordd afon-draffig.

Ar yr hewl draw i'r heulwen
Llusga tryc 'rôl tryc fel trên –
A'n bws yn dirwyn-basio
Trên ar ôl trên yn eu tro.

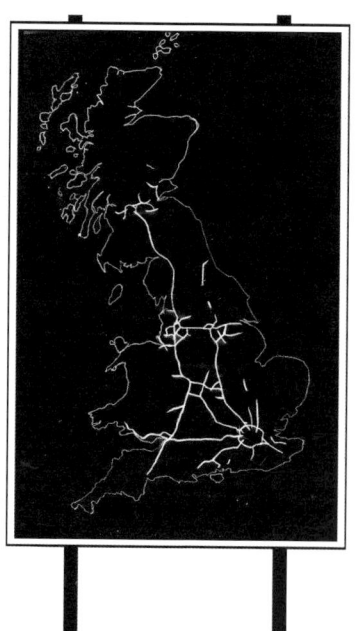

Ac ar bob llaw'n wib-ddibaid
Ardal las a ffrwd o laid
A thai ar dai . . . a Gwaith Dur
Yn rhuo tân i'r awyr.

Afon hwyl i'w chyrchfan hi –
Yn y man bydd mwy inni;
Dydd i'r brenin mewn dinas
Yn rhodd ar derfyn y ras.

Donald Evans

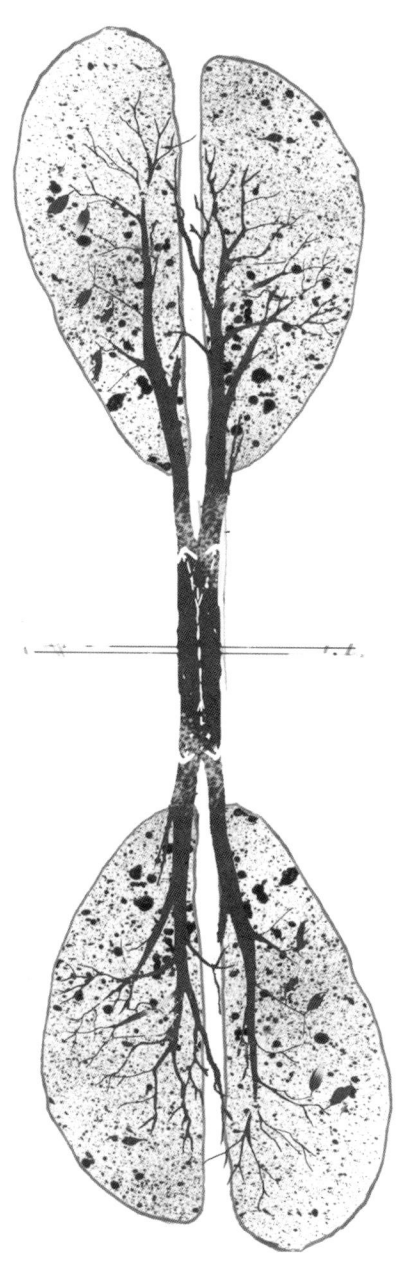

Y Goeden a Mi

Mae'r goeden sy'n tyfu mor uchel â'r to'n
anadlu i mewn ac i mâs ers cyn co',
ond mae hi yn gwneud yn wahanol i ni
â'i charbon deuocsid a'i hocsigen hi.

I mewn mae'n anadlu yn ddwfn yn ei thro
y carbon deuocsid o awyr y fro.
I mâs mae'n anadlu yr ocsigen drud
i helpu rhoi bywyd i bobol y byd.

Ac felly mae trefniant arbennig yn bod
rhwng coeden garedig a minnau eriôd:
os carbon deuocsid a rof iddi hi,
mae hithau'n rhoi ocsigen rhad nôl i mi.

                                        Ceri Wyn Jones

Di-en-ê

Y mae holl fanylion
Nodweddion celloedd byw –
Planhigion,
Creaduriaid a dynion –
Wedi eu cloi mewn moleciwl
Cemegyn tenau, hir
A elwir yn
Asid Deocsyriboniwcleig:
Di-En-Ê i chwi a mi.

A darganfu dau o ffrindiau,
Crick a Watson,
Fod pob moleciwlyn Di-En-Ê,
Yn dod, yndê, yn barau
Wedi'u clymu'n droellau
Trwy ei gilydd.

Oherwydd hyn
Y mae un llinyn
Yn dod o'r Tad,
A'r llall o'r Fam:
A dyna i chwi pam
Y gellwch chwi
Gael trwyn sydd yn debyg
I drwyn eich Tad,
A cheg sydd yn debyg
I geg eich Mam.

    Dyna, hefyd, pam
    Na fyddwch chwi,
    Fyth bythoedd maith,
    Yn debyg i'r un blodyn,
    Na'r un sgodyn chwaith.

Gwyn Thomas

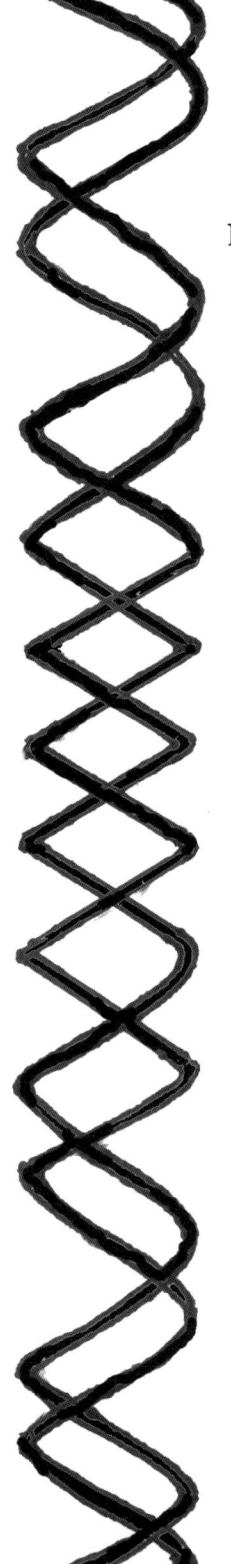

Y Gwyddonydd

Mae gwyddoniaeth yn hawdd
mae gwyddoniaeth yn hwyl
ar ddiwrnod gwaith
ac ar ddiwrnod gŵyl.

Holi a stilio
chwalu a chwilio,
chwilio a chwalu
dyfeisio, dyfalu.

Gwylio a gweled
yn effro i amgyffred
mai hanfod darganfod
yw cyffro y canfod.

Ymchwilio,
chwi welwch,
i gôl y dirgelwch
i'r crac yn y cread
a'r gwae yn y gwead
yw dyfnaf ddyhead
gwyddonydd.

Iolo Wyn Williams

P'un ddaeth gynta'?

Ym more bach y byd
Y crëwyd pob peth byw,
Ond, p'un ddaeth gynta', meddech chi,
Yr wy, neu'r iâr, neu'r cyw?

Fe dyfodd derwen dal
Dan effaith glaw a gwres,
Ond p'un ddaeth gynta'? Pwy all ddweud?
Y dderwen fawr neu'r mes?

Daeth blodau gwyllt a ffrwyth
I guddio noethni'r wlad,
Ond p'un ddaeth gynta', dyna'r pwnc,
Blodyn, neu ffrwyth – neu'r had?

Daeth llewod, teigrod, eirth,
A'r eliffantod tew,
Ond p'un ddaeth gyntaf yn y byd,
Y llew? Neu'r cenau llew?

Er holi'ch tad a'ch mam,
A'r bobl ddoeth i gyd,
'Does neb a ŵyr yn iawn sut bu,
Ym more bach y byd!

T. Llew Jones

Cyflymder Goleuni

Erbyn hyn, fel y gwyddoch chwi,
Y mae 'na fyrdd o bethau
Sy'n gallu mynd yn gynt na gwynt.
Ond does yna ddim byd –
Ar wahân i'n dychymyg, efallai –
Sy'n gallu mynd yn gynt na golau.
A phe baem ninnau
Yn symud mor gyflym â golau,
Sef Tri Chan Mil O Gilomedrau
Bob Eiliad,
Fyddai gan neb sy'n ein nabod ni
Unrhyw syniad
Pwy ydym ni –
Hyd yn oed petaen nhw
Yn gallu ein gweld ni.

Gwyn Thomas

Y Planedau

Gad i ni gyfri'r planedau
a'u trefnu i gyd yn un rhes,
y rhai sy'n bellach na phellter,
a'r rhai sydd rywfaint yn nes.

Yn gyntaf daw'r blaned Mercher,
un fach a swil yw hi,
wedyn daw Gwener a'i harddwch,
ac yna, daw ein Daear ni.

Mae Mawrth yn gwrido'n gynnes
yn goch ac oren i gyd,
a nesaf mae Iau a'i lleuadau
yn gwmni i'w gilydd o hyd.

O gylch Sadwrn mae golau rhyfeddol
sy'n sgleinio fel modrwy dlos,
ac weithiau, os edrychi'n ofalus,
cei Wranws yn nirgelwch y nos.

Yn olaf ar ein rhestr ni heddiw
daw Neifion a'i gwynt a'i nwy,
a dyna ni wyth o'r planedau,
dim ond wyth – mae miliynau mwy!

Mererid Hopwood

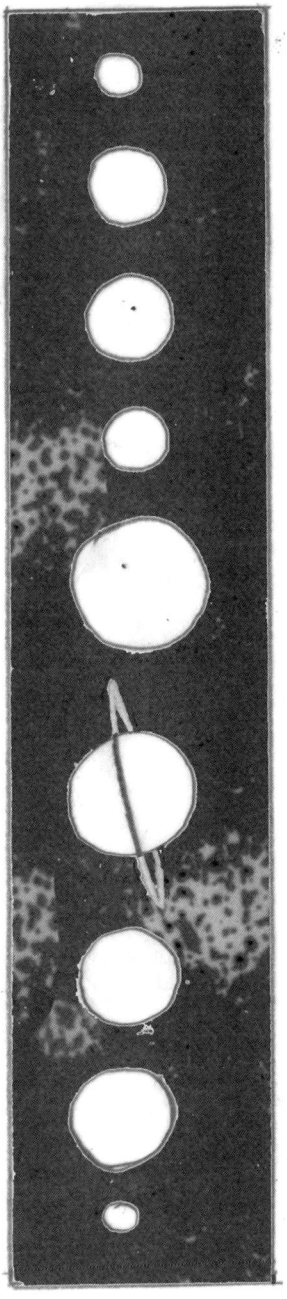

Twyll

Rwyf ar drên mewn gorsaf fawr.
Ar y trac drws nesa'n awr
mae trên arall sydd, fel ni,
fod i adael erbyn tri.

Gan bwyll bach mae un yn mynd
Ond mae'n anodd dweud, fy ffrind,
P'un sy'n symud, ar fy llw:
ein trên ni neu eu trên nhw?

Mae'r un peth â'r haul uwchben
sydd fel 'tasai yn y nen
yn mynd rownd ein byd bach, crwn,
er taw ni sy'n mynd rownd hwn!

Ceri Wyn Jones

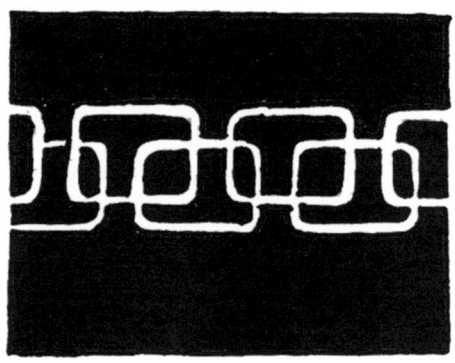

Cadwyn Fwyd

Plymiodd yr hebog
ar gwningen yn bwyta
deilen dant y llew.

Gwenallt Llwyd Ifan

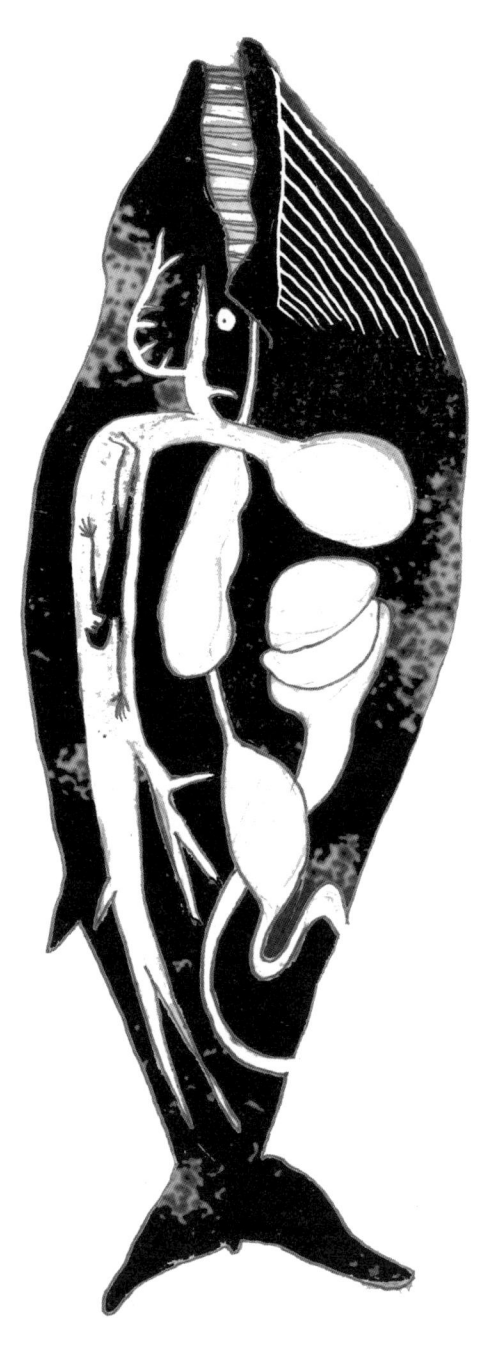

Y Morfil Mawr Glas

Yn nyfnderau mawr mawr y môr
Nid oes yna unrhyw greadur
Sydd yn fwy na fo.
Wyddech chwi fod ei dafod o –
Dim ond ei dafod –
Yn pwyso cymaint
Ag y mae eliffant yn bwyso.
Ei galon o,
Y mae hi, wyddoch chwi,
Yr un faint ag ydi car.
Ac y mae rhai o'i wythiennau o,
Wyddoch chwi, mor fawr,
Mor fawr fel y gallech chwi –
Pe baech chwi yn dewis –
Nofio ynddyn nhw.

Dyna, wyddoch chwi,
Yr hyn yr ydw i
Yn ei alw yn FAWR!

Gwyn Thomas

Cysawd yr Haul

Mae'r haul yn seren anferth, yr agosaf atom ni,
Dychmygwch ef fel eliffant, a'n Daear ni fel pry'.

O'i amgylch mae planedau lu, sydd fwy neu lai'n sffêr,
Mae'n bosib gweld rhai gyda'r nos, ymhlith y miloedd sêr.

Mae'r rhain yn troi, a theithio, rownd yr haul mewn orbit crwn,
A dyma i chi enwau planedau'r cysawd hwn:

Planed fach yw Mercher, tua maint ein lleuad ni
Mae'n blaned greigiog, arw, a chrateri ynddi hi.

Yr ail o'r haul yw Gwener, sy'n blaned boeth dros ben,
Y blaned fwyaf llachar a welir yn y nen.

Y drydedd yw y Ddaear, hon yw ein planed ni,
Mae dŵr dros y rhan fwyaf o'i harwynebedd hi.

Y blaned Mawrth ddaw wedyn, y blaned goch a gwych,
Mae creigiau a mynyddoedd ar ei hanialwch sych.

Iau yw'r blaned nesaf, y fwyaf o bob un,
Nid un lloer sydd gan hon, mae ganddi un deg chwech i'w hun.

Un fawr yw Sadwrn hefyd, ac mae'n debyg iawn i Iau,
Heblaw am ei chylchoedd prydferth, a'i bod hi 'chydig
   yn llai.

Dwy blaned sydd â chylchoedd, Wranws ydi'r ail.
Wrth orwedd ar ei hochr mae hon yn cylchu'r haul.

Neifion sy'n dod nesaf, yr wythfed blaned yw,
Mae hon yn llawn o nwyon, ac yn hyfryd las ei lliw.

Bu Plwton hefyd unwaith yn blaned, druan fach,
Nid yw'n swyddogol bellach, am ei bod hi yn rhy fach!

A dyna i chi gysawd yr haul, ein seren ni,
A chofiwch – dim ond un yw'r haul, o'r miloedd
   sêr di-ri.

                                        Gwenno Mair Davies

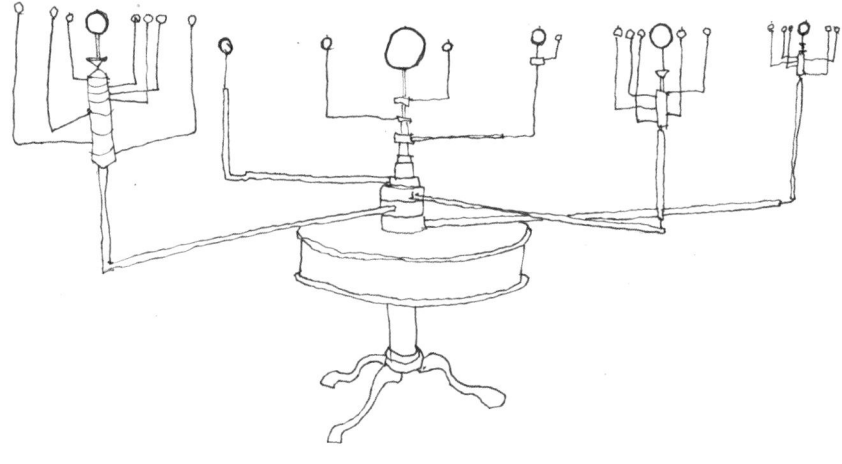

Peillio a Gwasgaru

Yn brysur, brysur,
ni wyddai y wenynen
fod paill ar ei chorff

Hedfan yn uchel
ar barasiwt gwyn
hadau dant y llew.

Gwenallt Llwyd Ifan

Huwcyn Hydref

Huwcyn Hydref yn y coed
yn gysglyd, gysglyd fel erioed.

Yn rhwymo matres o redyn clyd
wrth iddo hel ei wely ynghyd.

Mae'n cerdded y derw, yn cael ei wres
drwy lenwi'i obennydd gyda mes.

A phwythio cwilt o ddail o pob pren
gan dynnu'r cyfan dros ei ben.

Mae'n codi'r cwrlid wrth droi rownd
yn ei wely ac mae'n cysgu'n sownd.

'Ble'r wyt ti, Huwcyn? Ble'r wyt ti'n byw?'
ond er cicio'r dail, does dim golwg o Huw.

Ac yno y bydd yn chwyrnu'n braf
nes iddo gael braw gan larwm yr haf.

                              Myrddin ap Dafydd

Y Llwynog

'Y mae o'n boen fachgen!
Mae'n lladd ŵyn bach,
Tra bo'r cochyn yn crwydro
Bydd bywyd yn strach!

Mae'n poeni ein fferm ninnau,
A fferm Pen-y-Bryn,
Ac ŵyn Caeau Gelsion,
Ac ieir Glan-y-Llyn.'

* * *

'Ond Dad, cyn ei saethu,
Ateb hyn i mi:
Pwy oedd yma gyntaf
Y fo ynteu ni?

Pwy biau'r mynyddoedd?
Pwy biau'r bryn?
Pwy biau'r caeau,
A'r afon a'r llyn?'

Meirion Macintyre Huws

Teigr Mewn Sw

Rwyf yma yn gaeth
Dim sêr uwch fy mhen,
Dim ond cant o farrau,
A chwt bach o bren.

Rwyf yma yn gaeth,
Yr un peth bob dydd,
Dim hela fy swper,
Dim crwydro'n rhydd.

Dim heulwen, dim gobaith,
Na dim lleuad llawn,
Dim ond gorwedd yma
Bob bore a ph'nawn.

Ond eto rwy'n rhydd,
Heb boen yn y byd,
Gan nad oes neb yma
Yn fy hela o hyd.

Meirion Macintyre Huws

Anweddu

Mae tri dewin yn fy nghegin,
oes mae tri, yn wir i chi,
un yn degell, un yn rhewgell
a'r trydydd un wyf i!

Tric dewin y tegell yw mynd ati
i gynhesu'r dŵr yn chwim,
nes bod yr atomau'n dawnsio
a diflannu, fel pe baen nhw'n ddim.

Ond wedyn ar wal y gegin,
o'r 'dim' daw'r diferion llaith
yn ôl i lifo'n rhyfeddol,
ac mae'r dŵr yn ail-ddechrau ei daith.

Ei droi'n garreg 'wna dewin y rhewgell,
troi'r hylif yn beli crwn,
drwy drefnu'r atomau yn agos –
dyna yw cyfrinach hwn.

Ond yna wrth estyn y peli
a'u rhoi yng nghledr fy llaw,
myfi yw'r dewin wedyn
– gallaf droi'r holl rew yn law!

Mererid Hopwood

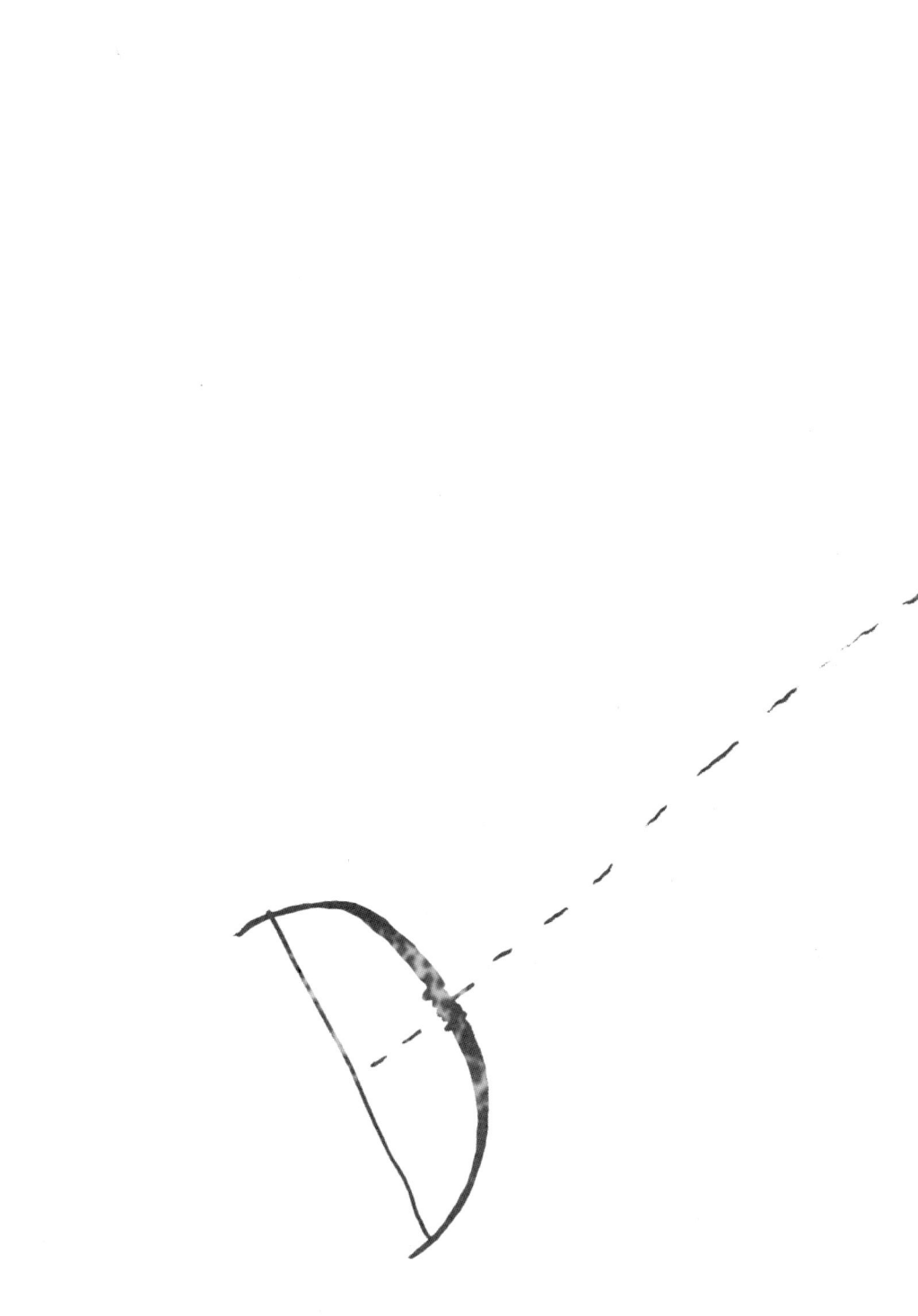

Cân Nest

Roedd Nest, merch Rhys ap Tewdwr,
Y ferch berta yng Nghymru i gyd,
A'r Cymry a'r Normaniaid
Yn syrthio dan ei hud;
Ond fel tywysoges bwysig
A'i thad yn Frenin o fri,
Châi Nest ddim llawer o ddewis
Pwy fyddai'n ei phriodi hi.

A Gerald de Windsor, y Norman,
A'i cafodd yn wraig iddo fe,
Gan setlo fel Cwnstabl Penfro
A choncro Cymry y de;
Ond er bod y Norman yn gyfrwys,
O dricie slei bach yn llawn,
Fe gafodd Nest sawl cariad
O dan ei drwyn e, bron iawn.

Harri'r Cyntaf, Brenin Lloegr
Oedd un o'i chariadon hi,
Cafodd Nest blentyn 'da hwnnw:
Harri ap Harri, welwch chi;
Un arall oedd Hae, siryf Penfro,
A'u mab nhw oedd William ap Hae,
A wedyn daeth Stephen, Aberteifi,
Dyna bedwar Norman, fel 'tae.

Ond Cymro, Owain ap Cadwgan
O Bowys, un noson a ddaeth
I lawr i gastell Cilgerran
A syrthio amdani a wnaeth;
Penderfynodd e ei chipio
Ar noson dywyll ddu,
Daeth nôl i'r castell â'i filwyr
A thorron nhw i mewn yn hy.

Roedd Gerald a Nest yn cysgu
Yn y gwely lan yn y tŵr,
Ond roedd Nest yn hanner disgwyl
Am Owain, yn ddigon siŵr;
Fe ddeffrodd hi Gerald o'i drymgwsg
A dweud wrtho am ffoi ar frys,
A chododd yntau ar unwaith
Â dim amdano, ond crys.

Erbyn hyn roedd y tŵr yn wenfflam
A dim unman i Gerald ffoi,
Ond roedd gan Nest gynllun clyfar
Ac meddai hi wrth y boi,
'Rhaid i ti ddiflannu yn sydyn
Lawr twll y toiled fan draw,
A llithro yng nghanol y carthion
I ddrewdod y ffos a'r baw'.

Ac felly fe lwyddodd Owain
I gael Nest yn gariad – wel, dros dro,
Achos ar ôl ychydig fisoedd
Aeth hi'n ôl at ei gŵr, O do!;
Ac roedd Gerald yn benderfynol
O ddial ar Owain am y sen
A phan ddaeth cyfle o'r diwedd
Fe'i saethodd yn farw – Amen!

                        Catrin Stevens

Enwogion Cymru Gynt

Wel dyma ni yn gwmni llon
Yn sefyll yma ger eich bron
I ddweud yr hanes wrthych chi
Am rai o'n pobol enwog ni.

Caradog ddewr yw'r cyntaf un
A welwch yma yn ei lun;
I Rufain bell mewn cadwyn aeth
A sôn am ryddid yno wnaeth.

A Buddug fu ar dân i gyd
I gadw Cesar draw a'i fflyd;
Fe welwch bicell yn ei llaw –
â hon mae'n cadw'r gelyn draw!

Yr ail ŵr enwog yma yw
Y gŵr a ddaeth i sôn am Dduw
Wrth ein cyndadau gyda'u plant –
A'i enw, wrth gwrs, yw Dewi Sant.

A Hywel Dda sydd yma nawr –
Fe ddododd drefn ar ddeddfau mawr
Dros Gymru gyfan, fwy neu lai –
Bu ef yn frenin doeth, di-fai.

Mae pawb sydd yma heddiw'n siŵr
O nabod Owain o Lyn-dŵr;
Ein senedd cyntaf inni roes –
A hynny'n bell o flaen ein hoes!

Esgob da oedd William Morgan;
Helpu'r Cymry oedd ei amcan;
Am un peth mae'n cael ei foli –
Ef a rois y Beibl inni.

Roedd Gruffydd Jones ar dân i gyd
I sôn am Iesu drwy'r holl fyd;
Ond aros gartre wnaeth serch hynny
I roi ysgolion i blant Cymru.

Gŵr o'r gogledd oedd Syr Ifan –
Ond daeth i ddeffro Cymru gyfan;
Dysgodd ef dri pheth i'w caru –
Ein gwlad, ein brawd a'r Arglwydd Iesu.

A dyma ni, blant bach yng Nghymru,
Yn Gymraeg yn cael ein dysgu –
Diolch i arwyr y gorffennol –
Ffyddlon fyddwn i'r dyfodol.

Urien William

Sut i ymddwyn mewn Castell

Paid ag ofni'r adlais wrth gyrraedd castell
Paid â chrynu'n y cysgon o dan y tŵr;
Paid â cholli dy lais wrth weld ôl y bicell
Na chilio'n dy gwman rhag y ffenestri hir;
Nid ar flaenau dy draed y mae cerdded hanes,
Nid â llygaid llo bach y mae edrych yn ôl;
Paid â sibrwd na chuddio tu ôl dy lawes
Na theimlo'n benysgafn ar y grisiau cul.
Na! Dan gadw reiat y croeswn ffosydd,
Dan chwibanu yr awn i mewn drwy'r porth,
Drwy weiddi sloganau anaddas i fynwentydd
Mae dringo a chyrraedd crib y cadernid serth
Heddiw sy'n martsio i mewn i'r oes o'r blaen
I daflu cip dros ysgwydd cyn cerdded ymlaen.

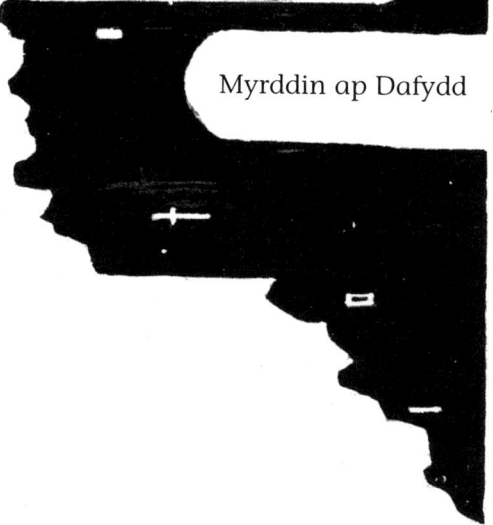

Myrddin ap Dafydd

Cerdded â Deinosoriaid

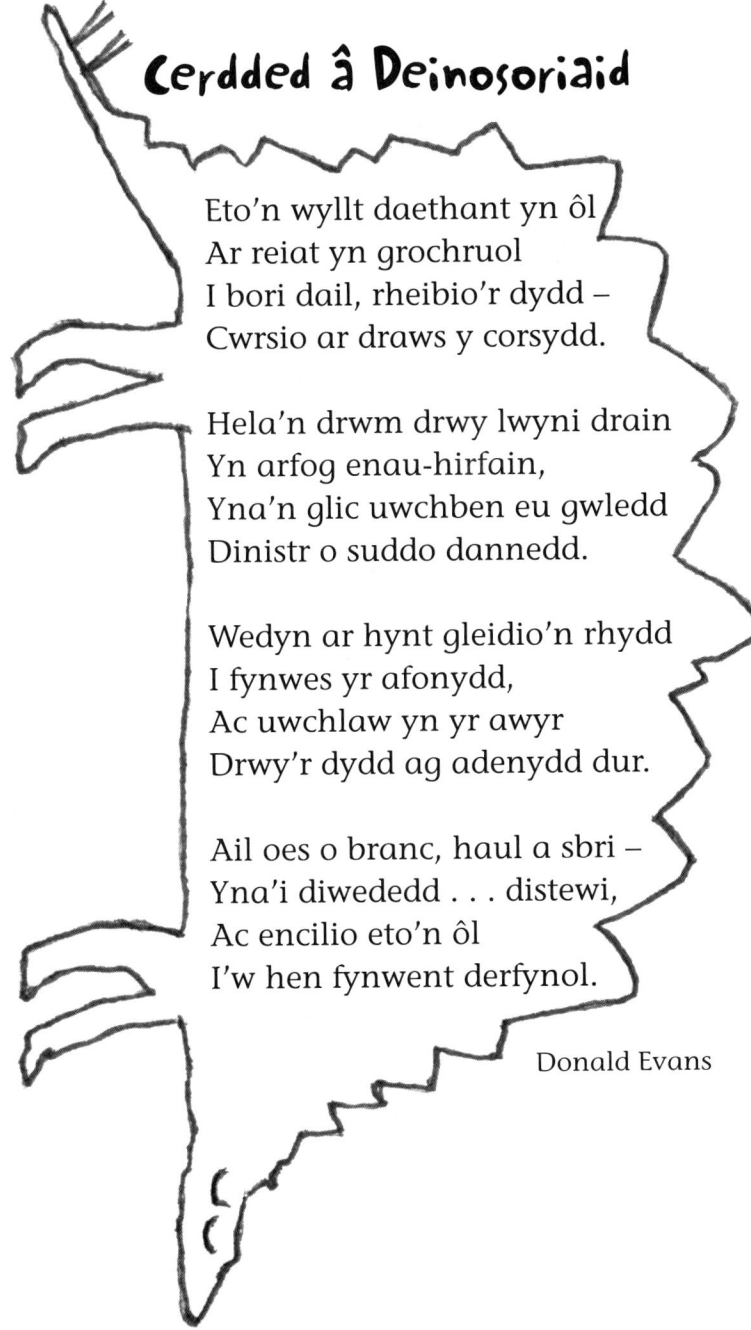

Eto'n wyllt daethant yn ôl
Ar reiat yn grochruol
I bori dail, rheibio'r dydd –
Cwrsio ar draws y corsydd.

Hela'n drwm drwy lwyni drain
Yn arfog enau-hirfain,
Yna'n glic uwchben eu gwledd
Dinistr o suddo dannedd.

Wedyn ar hynt gleidio'n rhydd
I fynwes yr afonydd,
Ac uwchlaw yn yr awyr
Drwy'r dydd ag adenydd dur.

Ail oes o branc, haul a sbri –
Yna'i diwededd . . . distewi,
Ac encilio eto'n ôl
I'w hen fynwent derfynol.

Donald Evans

Baled Bathetig Maffia Mawddwy

'Slawer dydd yn ardal hardd Mawddwy
Roedd gang o ladron yn byw,
Ro'n nhw'n ddigon hawdd eu nabod,
Pob un â gwallt coch ei liw;
Do'n nhw'n malio dim am gyfraith
Deddf Uno na barnwr na chosb
Achos nhw oedd Gwylliaid Cochion Mawddwy
Ro'n nhw'n gwybod mai NHW oedd y BÒS!

Ar ôl sawl bwlyddyn yn bygwth,
Yn dwyn a lladrata'n ddi-baid,
Penderfynodd Siryf Mawddwy:
'Mae'n bryd rhoi stop ar yr haid.
A dw i'r Barwn Lewis Owain
Yn mynd i ddal pob un o'r criw,
A'u crogi nhw fry ar y goeden –
Fydd dim un ar ôl yn fyw.'

Ac fe gadwodd y Barwn creulon
Ei addewid – fe ddaliodd a chrogodd e
Wyth deg o'r Gwylliaid Cochion
Heb wrando gair ar ble
Ac ymbil mam un o'r lladron,
'O peidiwch, Farwn Owain,' meddi hi,
'Â chrogi Jac Goch, fy mab ieuenga,
Fe yw cannwyll fy llygaid i.'

Ond doedd y Barwn ddim yn barod i wrando;
Crogwyd Jac gyda'r lleill, welwch chi;
Ac meddai'r fam unwaith eto,
'Rwy'n eich melltithio chi!
Bydd fy meibion eraill i, Farwn,
Yn dial rhyw ddydd arnoch chi,
Ac yn golchi'u dwylo yn llawen
Yng ngwaed eich calon galed chi.'

Ac felly y bu. Un nos dywyll
A'r Barwn yn teithio drwy'r fro,
Ymosododd y Gwylliaid arno
A'i saethu'n ei wyneb, O do!
A'i drywanu dri deg o weithiau
Nes roedd e'n farw gorn ar y llawr,
Ac i ddial Jac Goch, fe olchodd
Ei frodyr eu dwylo'n ei waed e nawr.

Ond nid dyna ddiwedd y stori
Am y Maffia ym Mawddwy bell,
Er iddyn nhw ffoi a chuddio
Fe ddaethon nhw o flaen eu gwell
Ac yna aeth popeth yn dawel
A'r Gwylliaid wedi diflannu i gyd;
Ond mae sôn fod yna sawl person
Ym Mawddwy, â gwallt coch o hyd!

Catrin Stevens

Sianti Fôr Harri Morgan
(y Môr-leidr mwya melltigedig o'r cyfan)

Gwrandewch nawr ffrindiau ar hyn o gân
Am Harri Morgan o Lanrymni lân;
Cipiwyd gan forwyr pan yn fachgen ffri
A'i anfon draw yn was i'r Caribî.

Cyn pen chwinciad Harri Morgan oedd
Y lleidr mwyaf milain weloch chi erioed;
Dwyn trysorau o Mecsico i Banama
Arteithio'r capteiniaid 'nôl yn Jamaica.

Ym mil chew chant chwe deg a naw
Roedd Harri'n hwylio tua Maracaibo draw,
Pan ddaeth fflyd o longau Sbaenwyr cas
A'i gau'n yr harbwr – doedd dim modd mynd mas.

Ond llanwodd Harri un o'i longau'n llawn
Powdwr gwn a thar a chynnau tân mawr iawn,
A'i gyrru'n syth at long y Magdalena
Nes fod honno'n ffrwydro – do wir, ta! ta!

Ond roedd llongau Harri yn dal yn gaeth
A gynnau'r Sbaenwyr yn eu gwylio o'r traeth;
'Chwarae tric fydd raid,' meddai Harri'n llawn sbri,
'Tom, Dic a Parri, dewch chi gyda mi;

Dwi am i chi rwyfo dynion 'nôl a 'mlaen,
'Nôl a 'mlaen, 'mlaen a nôl, a 'nôl a mlaen,
Nes fod y Sbaenwyr yn eu twpdra mawr
Yn credu yn wir fod 'da ni fyddin fawr.'

A dyna wnaeth y dynion, ond yr un un gwŷr
Oedd yn teithio 'nôl a 'mlaen yn y cwch i'r tir;
Ac wrth weld byddin fawr aeth y Sbaenwyr yn wan
A throeon nhw'u gynnau o'r môr i'r lan.

Ac felly, yn dawel fach, yn hwyr noson honno
Hwyliodd Harri Morgan o harbwr Maracaibo
Â llawer o aur o long y Magdalena
Yn ddiogel mewn cist, i ddiogelwch Jamaica.

Ymhen tair blynedd roedd y môr-leidr ffri
Unwaith eto'n Panama yn dwyn trysorau di-ri;
Ac er iddyn nhw'i daflu'n y carchar am sbel
Roedd y Brenin Charles yn hoffi'r boi bach del.

A gwnaeth y Brenin y môr-leidr aflan
Yn Llywodraethwr Jamaica ac yn Syr Harri Morgan.
A chafodd Harri fywyd digon braf
Yn torheulo'n haul y Caribî drwy'r haf.

Ond mae diwedd y stori yn ddiflas iawn –
Dechreuodd yfed rym nes ei fod e'n llawn,
Ei fol wedi chwyddo a'i lygaid yn felyn;
Pydrodd ei arennau – ac roedd hi'n Amen wedyn!

Catrin Stevens

Anne Frank

'Run smic, 'run bagliad, 'run sgwrs
dyna oedd fy nydd,
ac am ddydd mor anodd
i blentyn fel fi.

Bodolaeth yr Annexe,
Ac eto roedd hyn yn well
Na pheidio â bod o gwbl,
Gan y medrwn ymarllwys f'ofnau,
Fy nghobeithio i'm dyddiadur
A'i wneud yn hardd,
Gwneud rhywbeth yn gain
Yn y byd brwnt.

Ond mi roedd Duw yn bod,
oedd,
rhwng y craciau yn y ffenest.
Yn y goeden hyfryd tu allan
gwelwn droad y tymhorau
Yn fy ngwanwyn i.
Ac o lofft yr atig
yr unig beth welwn oedd tŵr yr Eglwys
a byddai cân ei chlychau
yn llonni'r dydd llwm â'i thinc a'i thymp.
Hyd nes y daethant
I roi taw ar y gân.

Cnoc, cythrwfl a choncwest
Llusgo a llabyddio.
Yna,
'run smic, 'run bagliad, 'run sgwrs
dim ond poen y gwersyll pell,
a'm dyddiadur i ar ôl
yn obaith i chi.

                    Aled Lewis Evans

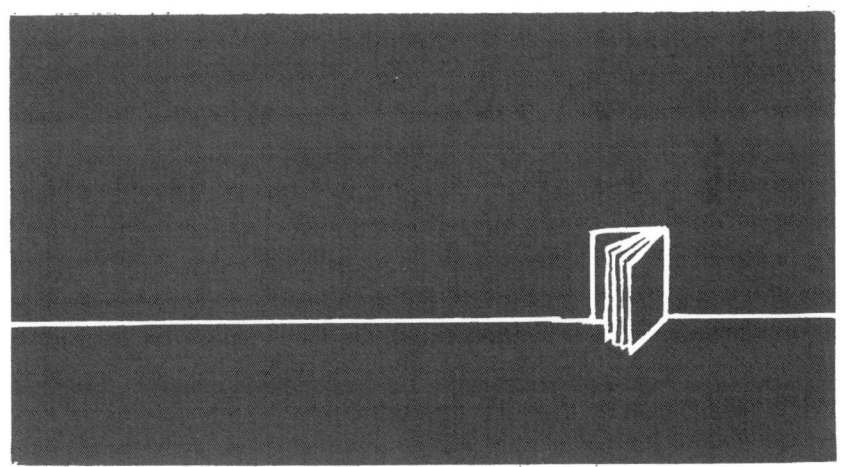

Erstalwm

Â'n dosbarth bob haf i rywle hynafol
I gael dysgu ymhell o glwyd ysgol.

Gwell na'n cae chwarae yw tŷ fferm a chaeau
Heb eu bath – maent yn llawn o hen bethau . . .

Corddwr, a phren i glapio menyn,
Dau gawg yn rhwd ac og yn y rhedyn.

Gwelleifiau, pedolau a fforch i deilo
A rhesi dail hydre'n lliw'r stôl odro.

At Ffyrgi ar fuarth, a hen gyrn gwartheg
Yn dro hir wedyn awn draw ar redeg.

Gweld llafnau dur a hogodd pladurwr,
Mynawyd a harnais, cryman a dyrnwr.

Dril ac aradr, a dwy drol i gario'r
Sachau a 'sgubau erstalwm i'r 'sgubor.

Picffordd a chribyn a godwn ninnau
A dyma'u dal fel pe'n gwneud mydylau.

A mwynhad yw adrodd ar ôl mynd adre'r
Hanes hapus tra'n llowcio fy swper.

Emrys Roberts

Cân y Glöwr

Fe gerddai henwr yn araf
I lawr hyd heol y cwm;
Heibio i'r stryd lle bu'n chwarae gynt
Ond heddiw oedd unig a llwm.

Roedd creithiau'r glo ar ei dalcen
A chyrn y pwll ar ei law
Ac wrth iddo gerdded hyd lwybyr y gwaith
Fe glywai rhyw leisiau o draw.

Fe glywai leisiau y glöwyr
Wrth weithio yn nhywyllwch y ffâs:
Alun Tŷ Canol a'i denor mor fwyn
A Tomos yn cyd-ganu bas.

Fe gofiai am hwyl yr hen ddyddiau
Pan oedd bywyd y cwm yn ei fri.
Fe gofiai y capel a'r llyfrgell yn llawn
Lle heddiw does ond dau neu dri.

A heno mae Tomos ac Alun
Yn naear y fynwent ill dau
A does dim ar ôl yn awr i'r hen ŵr
Ond atgofion, a phwll wedi cau.

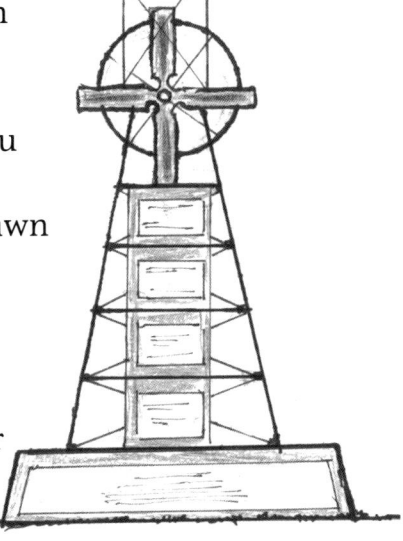

Dafydd Iwan

Aber-fan

(Safai tip glo fel mynydd uchel uwchben pentref Aber-fan. Un bore, ar 21 Hydref 1966, ar ôl glaw mawr, llithrodd y mynydd dros ben yr ysgol lle'r oedd y plant wrth eu gwersi.)

I Hamelin erstalwm,
Os yw'r hen stori'n ffaith,
Fe ddaeth rhyw bibydd rhyfedd
Yn gwisgo mantell fraith.

A'r pibydd creulon hwnnw
A aeth â'r plant i gyd
A'u cloi, yn ôl yr hanes,
O fewn y mynydd mud.

A Hamelin oedd ddistaw
A'r holl gartrefi'n brudd,
A mawr fu'r galar yno
Tros lawer nos a dydd.

Distawodd chwerthin llawen
Y plant wrth chwarae 'nghyd,
Pob tegan bach yn segur,
A sŵn pob troed yn fud.

Trist iawn fu hanes colli
Y plant diniwed, gwan-
Yn Hamelin erstalwm,
Heddiw yn Aber-fan.

T. Llew Jones

Wyt ti'n Gelt?

Mae fy mrawd i'n Gelt.
Mi aeth e bant un dydd i'r ffair,
A dod yn ôl yn cario pair.
Mae fy mrawd i'n Gelt.

Mae fy chwaer i'n Gelt.
Rhedodd hi bant un dydd ar ras,
Daeth nôl a'i hwyneb wedi'i baentio'n las.
Mae fy chwaer i'n Gelt.

Ydi, mae Dad yn Gelt.
Mi aeth i'r dre i brynu fforch,
Ond daeth e'n ôl yn gwisgo torch.
Ydi, mae Dad yn Gelt.

Ac ydi, mae Mam yn Gelt.
Un tro roedd ei gwallt hi'n hir o hyd,
Nawr mae pob pleth yn gymhleth i gyd.
Ydi, mae Mam yn Gelt.

Dw i ddim ishe bod yn Gelt.

Dwi'n hoffi fy coco pops mewn bowlen,
Dwi'n hoffi fy wyneb yn binc,
Dwi'n hoffi fy ngwddw dan goler crys-T,
Dwi'n hoffi fy ngwallt i heb ginc . . .

Ond, mae gen i gleddyf
A tharian fawr gron,
I ymladd ac erlid Rhufeiniaid,
Rhag ofn –

Oherwydd, weithiau,
Mae'n rhaid bod yn Gelt!

                  Eurig Salisbury

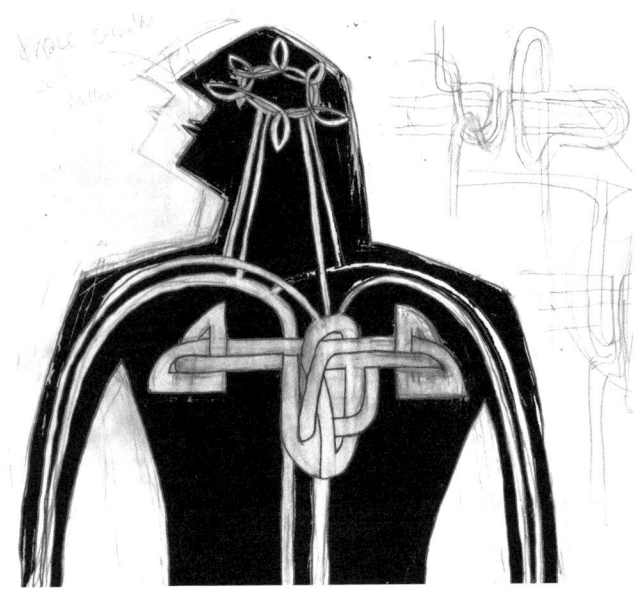

Gwyliau yn y Gwaelod

Nid hir fydd y dydd yn dod;
Gwyliau yng Nghantre'r Gwaelod;
Ie, haf i ni i'w fwynhau
'O dan y môr a'i donnau'.

Gwersyll haf dan gwrs y lli,
Heulwen o dan yr heli!
Heulwen lle bu Seithennin
O hyd gynt yn yfed gwin.

Ar wely'r dôr treulio'r dydd;
Hwylio ymysg hen welydd,
Ac yna mynd gan ymwau
Lle unwaith bu perllannau.

Torf o bysgod a blodau
Yn byw rhwng hen feini brau,
A draw o ffin y ddinas
Swae hen glych yn seiniau glas.

Byw mis dan wyneb y môr
A gwneud dim, dim am dymor
O hwyl: bydd yn braf cael bod
Yn ôl yng Nghantre'r Gwaelod.

Donald Evans

Difaru

I hela aeth Llywelyn
Ar ei farch, a'r cryfaf un
Yn y Llys o'i helgwn llwyd
O ar ôl ar yr aelwyd.

Yn dawel llyfai Gelert
Wyneb bach y baban perth
Yn ei siôl, a'i lygaid syn
A'i gwyliai rhag pob gelyn.

Yn sydyn blaidd arswydus
Du, bron â llwgu, i'r Llys
Dan udo'n wyllt a neidiodd
Yna ar ruthr y crud a drodd.

Bu brwydro caled, – wedyn
Ar y llawr ymledai'r llyn
Yn goch lle bu hirddant gwyn
Gelert yn llarpio'r gelyn.

Ac yna, â'i gŵn cynnes,
Drwy'r niwl gwibiai'r meistr yn nes
Ond ar ôl dod o'r hela
Ar frys i'w Lys, aeth fel iâ.

Yn drist ochenaid a rôdd
Yn uchel ac fe fflachiodd
Ei lafn uwch ffrind ffeindia'r wlad
Yn marw trwy gamgymeriad.

Ond ar ôl sylweddoli
Y cam a wnaethai â'r ci
Daeth dagrau a dyddiau du
O hiraeth a difaru.

      Emrys Roberts

A.B.X?

Mewn geiriaduron da o hyd
Mae llythrennau bach yn brysur
Pob un yn sefyll gefn wrth gefn
Yn cadw trefn ar ystyr.
Ond petai dim ond un o'r rhain
Yn penderfynu crwydro
Wel mi fyddai hi'n wahanol fyd
A ninnau i gyd yn mwydro.

Beth petaech chi ar ddiwedd dydd
Rhyw awr cyn mynd i'r gwely
Yn gofyn 'Mam dwi'n blentyn da
O plîs gai wylio'r Jeli?'

Beth petai'r gw'nidog ar y Mul
Yn dweud wrth bawb yn dawel
Ei fod yn disgwyl gweld nhw i gyd
Yn selog yn y camel?!
A beth petasai fo rhyw ddydd
Yn priodi mArch a bWchgen
A'r Nam-yng-nghyfraith yno'n falch
Yn rhoi eiTHin ar y DaTen??

Rhaid i lythrennau gadw'u trefn
Yn gyson, neu bydd pobl
Fel roedd Ifan Pyrci Penau'n dweud,
Yn gwneud dim TenT o gObl.

Tony Llewelyn

Gwydion a Blodeuwedd

Un da am ddweud straeon oedd Gwydion,
A dewin yn ein Mabinogion;
O flodau fe grëodd ryfeddod,
Sef merch o brydferthwch gwir hynod –
Ond roes e ddim iddi gydwybod.
A diwedd ei stori hi, druan?
Newidiodd e hi yn dylluan!

Gwyn Thomas

Y Llyfr Newydd

Un rhad o anghyffredin
I'w agor yw ar y sgrin;
Un difyr ydyw hefyd
Â'r lluniau gorau i gyd.

Un â'i brint yn ffres o'r bron;
Llyfr fel pyllau afon
Gyda'i li o storïau,
Ac un sy'n anodd ei gau.

O 'na grêt yw llyfr y sgrin;
Un heb air byth yn borin;
Un i'w ddarllen bob ennyd
A'i ddail yn newydd o hyd.

                        Donald Evans

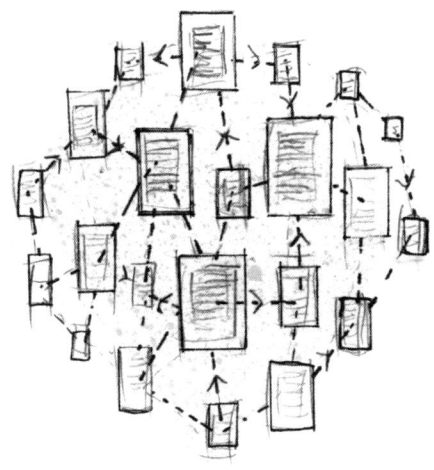

Gêm Luniau

Beth yw'r haul?
mango enfawr
yn arllwys ei sudd.

Beth yw'r darn lleuad?
hamog sy'n crogi
uwchben y byd.

Beth yw'r llosgfynydd?
hufen iâ mewn côn
yn diferu wrth doddi.

Beth yw'r gwynt?
cipiwr sy'n ysgwyd
wrth roi'r byd yn ei ddwrn.

Beth yw bardd?
un sy'n gweld lluniau
ym mhob sefyllfa.

                       Menna Elfyn

Cerddi'n Cerdded

Dwi 'di gweld cerdd yn cerdded!
Dwi 'di gweld rhigwm yn rhedeg,
Dwi 'di gweld gair yn gyrru,
Dwi 'di gweld llinell yn llamu!

Weli di'r soned 'na'n sgipio?
Weli di'r sill 'na'n sglefrfyrddio?
Weli di'r haicw 'na'n hercian?
Weli di'r englyn 'na'n hongian?

Glywi di'r trosiad 'na'n t'ranu?
Dacw dair cân yn carlamu!
Sbia – pum pennill yn prancio,
a phedair baled yn beicio!

Mae ambell i limrig yn loncian,
a rhai cwpledi yn cropian.
Mae cychwyn cerdd yn antur ond
mae diwedd pob un yn sefyll yn stond.

Gwyneth Glyn

Trio Darllen Saesneg

Mae 'reading' yn union fel 'Reading',
Ond dyw 'weeding' ddim cweit fatha 'wedding',
Mae 'lead' fatha 'lead',
Ond 'di 'dead' ddim fel 'deed',
A maen nhw'n dweud mai ni sy'n conffiwsing!

Mae'r 'gh' sydd yn 'through' yn 'W',
Ond 'Ff' ydi o'n 'tough' medden nhw,
Yna 'Y' ydi o'n 'borough'
A hefyd yn 'thorough',
Mae'n thoroughly tough through and through.

Mae 'hate' fatha 'wait' 'nôl ei sain,
Ac mae 'eight' eto'n debyg i'r rhain,
Ond os ewch i'w sillafu,
'Na dasg sydd o'ch blaen chi.
O 'na ryfedd yw geiriau'r Iaith Fain!

Caryl Parry Jones

Y Llyfr Stori

(cyfarchiad plentyn i Brenda Wyn Jones)

Caf ffilm o agor cloriau, a gallaf
Ymgolli am oriau
Yn gwylio'n syn cyn eu cau
Oherwydd byw yw'r geiriau.

Ieuan Wyn

Fy Mabinogi i

Mae'n wir nad wyf i'n enwog,
dwi ddim yn fawr fy sôn,
does neb yn holi am lofnod
pan dwi'n cerdded lawr y lôn.

Ond rwy'n perthyn i Bwyll a Rhiannon,
fi piau Dyfed i gyd,
mae gwaed Pryderi'n fy nghalon,
a Gwydion a'r geiriau hud.

Mae teyrnas y Gogledd yn f'enw,
mae'r Canolbarth a'r Dwyrain a'r De
i gyd yn rhan o'm llinach,
mae gen i gefndryd ym mhob lle!

Rwy'n deall iaith y dylluan,
a deall y drudwy a'i chân,
gallaf siarad â'r afon arian
a sgwrsio â'r meillion mân.

Gallaf edrych i'r môr a gweld ynys
na wêl pobl ddieithr, mae'n wir,
am mai fi piau holl gantre'r gorwel
a'r aur rhwng y dŵr a'r tir.

Ond does braidd neb yn gwybod
am wyrth fy nghyfrinach i,
a mod i'n perthyn i'r Mabinogi . . .
yn union 'run fath â thi!

Mererid Hopwood

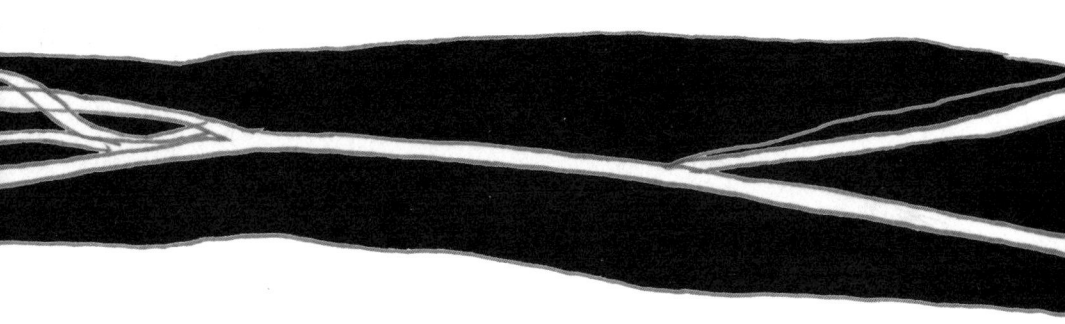

Nodyn Bodyn

W T D cal nodyn bodyn?
Gst T L8 o xxx gn ryw1?
T dal n Sbty? Gst T dnu'r p8a?
Gst T fldod, gst T F8a?

Gst T Hlo gn 1ryw1?
Wt T D Bd R D Bn D h1?
Wt T D Bd N tmlon 1ig?
Pd â pni, Tn Rbnig!

Atb V R ngs dst1.
Cru T blod1,
Gd T wd1!

Gwyneth Glyn

Rhifyddeg

Rhifyddeg yw rhifau'n hedfan fel colomennod i mewn ac allan o'ch pen.

Rhifyddeg yn unig sy'n dweud wrthych faint a enillwch neu a gollwch os ydych yn gwybod faint oedd gennych cyn i chi golli neu ennill.

Rhifyddeg yw 'dau, tri mam yn dal pry' neu 'wyth, naw syrthio'n y baw'.

Rhifyddeg yw rhifau a wasgwch o'ch pen i'ch llaw, o'ch llaw i'ch pensil, o'ch pensil i'ch papur nes y cewch yr ateb.

Rhifyddeg yw'r ateb cywir. Popeth yn braf. Edrych allan drwy'r ffenestr – yr awyr yn las a'r adar yn canu uwchben.

Neu'r ateb anghywir. Gorfod dechrau eto o'r dechrau i weld beth sy'n digwydd y tro yma.

Os cymerwch chi rif a'i ddyblu eto ac eto ac eto ac eto ac eto ac eto ychydig mwy fe â'r rhif yn fwy ac yn fwy ac yn fwy ac yn fwy a dim ond rhifyddeg a all ddweud wrthych beth fydd y rhif pan benderfynwch chi orffen dyblu.

Rhifyddeg yw gorfod lluosogi a chludo tabl lluosogi yn eich pen yn saff gan obeithio na chollwch chi ef byth.

Os oes gennych chi ddau fferin, un yn dda a'r llall yn ddrwg ac yr ydych yn bwyta'r un da ac yn rhoi'r llall i sebra sy'n gwisgo ei resi du a gwyn o chwith pa sawl fferin fydd gennych chi ar ôl os oes rhywun yn cynnig pump chwech saith i chi ac yr ydych chi'n deud 'Na na na' ac yr ydych yn deud 'Nai nai nai' ac yr ydych yn deud 'Nis nis nis'? Os gofynnwch i'ch mam am un wy wedi ei ferwi i frecwast ac mae hithau yn rhoi dau wy i chi ac yr ydych chi'n mwynhau'r ddau pwy yw'r gorau mewn rhifyddeg, chi neu'ch mam?

Gwynne Williams

Cylch y Celt

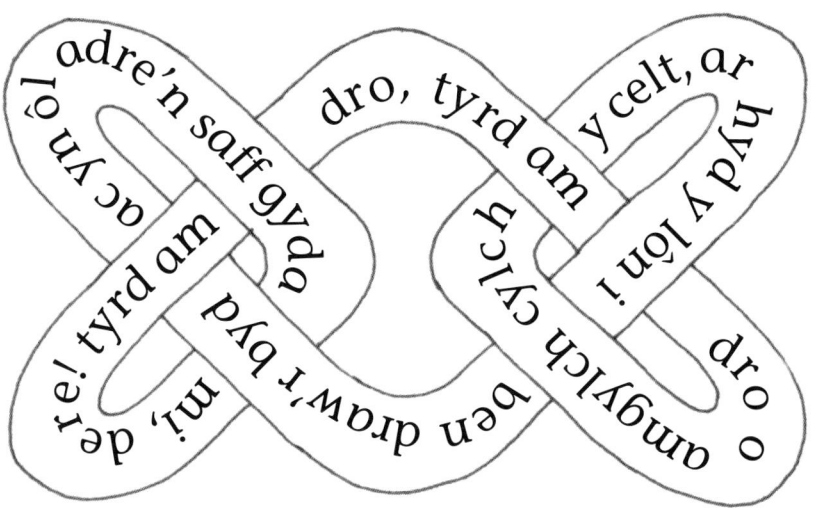

Eurig Salisbury

Siâp, safle, a symud

Ochrau trionglau
yn newid cyfeiriad,
yn ôl i'r dechrau.

Mae siâp petryal
fel caead bocs esgidiau,
yn hir ac yn sgwâr.

Mae siâp polyhedron
mewn 3-D yn beth prydferth
fel ciwb newydd sbon.

Torrais grempogen
yn siâp 2-D ar y plat,
a menyn arni.

Gwenallt Llwyd Ifan

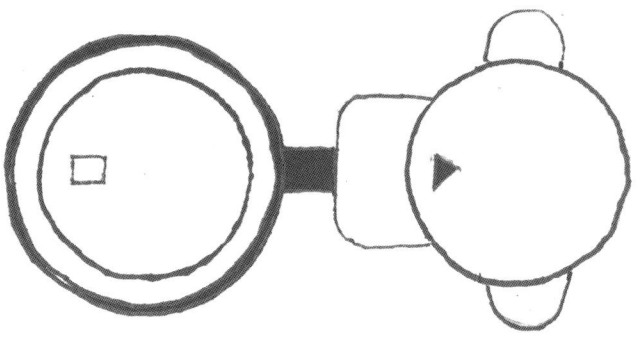

Dim pwynt, dim problem

Cant pwynt dim   100.0
    Deg pwynt dim   10.0
        Un pwynt dim   1.0
            Dim pwynt un   0.1
                Dim pwynt dim un   0.01
                    Dim problem   ?

Gwenallt Llwyd Ifan

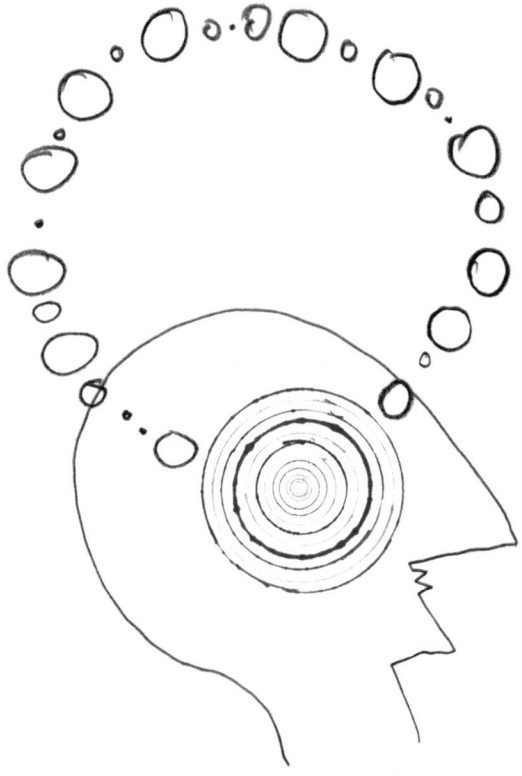

Methu Cysgu

Mae un adio dau yn gwneud tri,
a thri tynnu dau yn gwneud un.
Mae'n gas gen i gyfri defaid,
mae'n fy nghadw i ar ddi-hun!

Gwenallt Llwyd Ifan

Athrawes Od

'Pum afal yn fy llaw chwith,
Saith afal yn fy llaw dde.
Be sy gen i?' meddai'r athrawes.
'Clamp o ddwylo,' atebodd e!

                      Peter Hughes Griffiths

Ateb Od

'Enwch bedwar dydd o'r wythnos,'
Meddai'r athro yn ei wyneb,
'Heddiw, ddoe, rhaid cofio echdoe
Ac yfory,' oedd yr ateb!

                      Peter Hughes Griffiths

Technoleg, Dylunio & Chelf

Methu Arlunio

Mae gen i lun yn fy mhen
o geffyl mawr, braf
a'i bedolau'n llachar
ar lwybrau'r haf.

Mae gen i lun yn fy mhen
o neidr fawr hir
yn goch ac yn arian
ar hyd y tir.

Mae gen i lun yn fy mhen
o goeden iach
a'i changhennau'n estyn
uwch y llwyni bach.

Mae gen i lun yn fy mhen
o long ar y lli
a'r gwynt yn llenwi
ei hwyliau hi.

Ond er bod y lluniau'n
fy mhen bob un,
'na beth od nad yw'r llaw'n
gallu tynnu'r llun!

Tudur Dylan Jones

Hel Lliwiau

Roedd gen i ddarn o bapur,
A hwnnw'n wag ac yn wyn,
Ac er mwyn mynd ati i'w lenwi
Mi es i am dro dros y bryn.

Mi es i lan i'r mynydd
A chanfod craig fawr ddu,
Mi dorrais y lliw ohono
A'i gario fe'n ôl i'r tŷ.

Mi es i lawr i'r afon
A gweld y dŵr yn wyn,
Mi sugnais y lliw ohono
A'i ddal yn dynn, dynn, dynn.

Mi es i drwy y goedwig
A theimlo gwyrddni'r dail,
Mi dynnais y lliw ohonynt
A'u cuddio rhag yr haul.

A gwelais heibio'r brigau
Yr awyr enfawr, las,
Mi ddringais i ben y goeden
A thynnu'r glesni mas.

Cyn amser te es adre'
A'u harllwys ar y llawr,
Mi goda' i'n gynnar fory
I beintio darlun mawr!

                    Eurig Salisbury

Siarad â'r Darlun

Mona Lisa, eisteddaist
i'r artist wneud ei waith;
Mona Lisa, fe wenaist
ar hwnnw lawer gwaith.

Leonardo, fe weithiaist
gan feddwl ac ymroi;
Leonardo, fe baentiaist
y wên cyn iddi ffoi.

Leonardo, fe lwyddaist,
oherwydd fe ddeil hi,
Mona Lisa i eistedd
a gwenu arnom ni.

Ceri Wyn Jones

Diolchiadau

Diolch o galon i bawb a fu o gymorth wrth ddod â'r casgliad hwn i glawr, gan gynnwys y beirdd a pherchenogion hawlfreintiau'r cerddi hyn, ynghyd â'u cyhoeddwyr gwreiddiol, am eu caniatâd parod i gynnwys y gweithiau yn y flodeugerdd.

Gwnaed pob ymdrech i olrhain deiliaid hawlfraint y cerddi, ond os tramgwyddwyd mewn unrhyw ffordd, byddem yn falch o gywiro'r cam mewn ailargraffiad.